U0665733

武汉纺织大学学术著作出版基金资助出版

中国广告产业竞争优劣势研究

——基于全球前五广告大国的实证分析

Competitive Advantages and Disadvantages
of China's Advertising Industry
--An Empirical Analysis Based on the World's top five Countries

代婷婷◎著

人民出版社

责任编辑:洪　琼

图书在版编目(CIP)数据

中国广告产业竞争优劣势研究:基于全球前五广告大国的实证分析/
　代婷婷 著. -北京:人民出版社,2015.10
ISBN 978 - 7 - 01 - 015181 - 6

Ⅰ.①中…　Ⅱ.①代…　Ⅲ.①广告-产业发展-研究-中国　Ⅳ.①F713.8

中国版本图书馆 CIP 数据核字(2015)第 206166 号

中国广告产业竞争优劣势研究

ZHONGGUO GUANGGAO CHANYE JINGZHENG YOULIESHI YANJIU

——基于全球前五广告大国的实证分析

代婷婷　著

人民出版社 出版发行

(100706　北京市东城区隆福寺街 99 号)

环球印刷(北京)有限公司印刷　新华书店经销

2015 年 10 月第 1 版　2015 年 10 月北京第 1 次印刷
开本:710 毫米×1000 毫米 1/16　印张:14.25
字数:230 千字　印数:0,001-1,500 册

ISBN 978 - 7 - 01 - 015181 - 6　定价:46.00 元

邮购地址 100706　北京市东城区隆福寺街 99 号
人民东方图书销售中心　电话 (010)65250042　65289539

艰难探索中的创获（代序）

一

世界范围的广告研究，已建构起为各国广告学者共同规模的两种研究范式：一是以美国为代表的，以广告效果研究为核心的实证研究范式；二是以欧洲为代表的，以广告文化研究为核心的批判研究范式。两种研究范式的成功建构及其在广告研究中所形成的有益互补，推进了世界范围广告学研究的发展，也成就了美欧世界广告学研究的霸主地位。然而，也正是由于这两种研究范式的"规范性"，造成世界广告学研究的诸多遗憾。广告产业层面的研究，始终未能进入广告学的主流研究领域，就是其中重要的一例。

2005 年，中国学者拉开广告产业研究的序幕，十年来，已形成一个数量可观的研究群体，并产出一系列值得重视的研究成果。他们撩开中国广告市场华丽的面纱，去检视中国广告产业存在的问题，去总结广告先发达国家和地区广告产业发展成功的经验，去探寻作为广告后发达国家的中国，如何实现对先发达国家超越的可行路径。拳拳赤子之心，苍天可鉴。

我曾在一篇论文中论及，中国学者以广告效果为核心的相关研究，也许尚不及美国学者的充分的实证化与精细化，有关广告文化的研究，也许尚不曾达到欧洲学者理性思辨的高度，但中国学者某些问题领域的研究，却具有世界性贡献的意义，广告产业层面的研究就是其中之一。我誉之为"未曾超越的超越"。

婷婷博士的这部专著,也是以中国广告产业为研究对象,重点探讨的是中国广告产业竞争的优劣势问题。正如她在书的"前言"中所言,所采取和坚持的是"国家意识和问题意识的双重研究导向"。其诚可感。学问者,自当如是。

二

广告产业竞争力的分析模型与广告产业竞争力综合评价指标体系的建立,是其研究的特别着力处。科学研究中,对相关问题的分析与评价,必须努力规避研究者基于经验与感觉的主观偏向。研究者的经验与感觉自有其价值,但它在任何时候都不可能取代科学分析模型与科学评价指标体系在实证研究中的客观取向。这是实证研究必须遵循的基本规范。研究的着力自有因。

在研究的文本呈现中,我们可以清晰把握作者分析模型与评价指标体系建立的研究脉络。首先,作者通过相关理论的梳理,抽演出关于竞争力分析的基本理论框架;其次,从相关的实证研究中,归纳提炼出关于竞争力分析所使用的基本模型与量化评价指标;然后,结合广告产业的特征,经修正而最终确立起广告产业竞争力分析模型与评价指标体系。其建立的过程,依然严格规避着研究者的主观偏向,而努力寻求着理论与实证的双重依据。

论著所谓的实证分析,主要是基于数据而展开的。其数据的采集涉及的范围非常广,数据采集的难度非常大。这也是其研究的又一特别着力处。

有了庞大而精细的数据,又有了力求科学的数据分析工具,其研究的可信度也就得以强力构筑。

科学分析模型与评价指标体系的确立,有赖实证研究的反复验证。也许本研究所建构起的关于广告产业竞争力分析模型及其评价指标体系,还有待反复验证并进一步修正完善,但其科学建构的努力,却无疑值得肯定。

三

关于中国广告产业的未来发展，究竟是应遵循优势强化的战略，还是应遵循劣势突破的战略？作者的研究回答是应遵循劣势突破战略，也就是说要集中力量致力于竞争劣势的提高。

中国学者的科学研究，似乎习惯遵循提出问题、分析问题与解决问题的研究思路。其实，从某种意义上来说，科学研究的实在价值在发现问题，而于解决问题却较为乏力，也普遍较为不足。本研究似乎在着意寻求着某种改善。

作者所提出的关于中国广告产业未来发展的战略选择，是基于中国广告产业竞争优劣势的细密分析而提出的，也是基于全球居前五广告大国的竞争优劣势的比较分析而提出的，具有较为翔实的实证依据，而非纯粹的理论推导与逻辑推演。

在竞争劣势突破的总体战略思路框架下，作者又提出了基于产业集聚、资源要素与业务转型的竞争力提升路径的策略。资源、结构与制度，历来是经济学关注的重心。作者关于中国广告产业竞争力提升的具体路径与策略，便是围绕资源、结构与制度而展开的分析。这便使得解决问题的思路与方案，既有实证的依据，也具有理论的观照。

社会科学的研究，日益精细化与实证化，日益实现着理论与实证的对话。无论是分析问题抑或是解决问题，都特别注重理论与实证的双重逻辑与双重关观。本研究在此一方面所作出的努力，自应嘉许。

四

婷婷有很好的学术背景，聪慧、充满灵性而又极为勤奋。硕士毕业后，就职于青岛。随后来武大攻读博士学位，其先生毅然辞去在青岛的工作，随之举家迁移来武汉。求学期间,一直辗转于武汉与青岛之间,与先生甘苦与共,相濡以沫,其情令人感佩。博士毕业后,转而供职于武汉纺织大学。就在其稿付梓之际,喜添宁馨,众皆为之道福。

吾已年届迟暮,频生人生迟暮之感,但见众生皆学有所成,又时溢欣慰之情。其生有涯而学无涯,于吾,生有涯为实话,学无涯为妄语,然对青年学子而言,当为箴言。以此序贺婷婷,以此语嘱婷婷。

张金海

2015 年 6 月 10 日于武昌珞珈山

目　录

上编　中国广告产业竞争力评价

下编 中国广告产业竞争力提升路径

图 目 录

表 目 录

前　言

中国广告产业自 1979 年重开以来,历经 30 余年发展,虽然以高速的发展获得了广告市场总额全球第三的成绩,但其低集中度粗放发展、外资主导倾向、泛专业化和低质低效的现实状况却与全球其他广告业发达的国家有很大差距。广告业各种内部和外部问题掩盖在繁荣的表象背后令人担忧。真正的实力不仅仅应该体现在"量"的增长上,更要体现在"质"的提升上。尤其在强调经济发展方式转型和自主经济建设的经济改革新阶段,中国广告产业在全面对外开放的同时,如何实现"质"与"量"的同步提升,朝着"结构优化、拓展深度、提高效益"的方向发展,显得尤为重要。

为了达成这一目标,研究的视野不应仅限于一国之内,而应该将中国广告产业纳入全球视野,分析和评价中国广告产业在国际产业竞争中地位究竟如何;与其他几个发达国家广告产业存在的现实差距究竟在哪些方面;不同的发达国家是如何构建各自的广告产业竞争优势;其广告产业发展的竞争优势究竟何在;与之相比,中国广告产业的内外部优势和劣势分别是什么,才能准确判断在未来的发展中究竟是遵循优势强化战略,还是遵循劣势突破战略,更能获得产业国际地位的迅速提升;而这些正是本书研究的内容和目的所在。

本书借用了国家竞争力理论、产业竞争力理论和企业核心竞争力理论的丰富资源,将以往竞争力理论未曾涉及的广告产业作为研究重点,以中国广告产业的发展实践验证竞争力理论的各种理论假设,试图建构出适用于广告产业的产业竞争力分析模型和评价指标体系,并在中西历时性和共时性比较研究的基础上,获得中国广告产业竞争力构建的路径。

本书分为两个部分,上半部分主要解决的是中国广告产业竞争力在全球广告产业中处于什么样的地位和状况的问题。在此之前,首先要建立起一个分析的框架和评价的基准。本研究在对前人所提出的竞争力分析模型的基础上,结合广告产业的特征提出了广告产业竞争力分析模型,并以竞争力决定因素为基础构建了广告产业竞争力综合评价指标体系。然后,本研究运用这一评价指标体系对全球广告产业总值最高的美、德、日、中、英五个国家的广告产业竞争力进行了综合评价,并提出处于竞争强优势第一集团、竞争弱优势第二集团的四个国家在发展广告产业中各自的竞争优势所在,提示了中国广告产业竞争力打造要摆脱目前均衡落后的状态,培育自身的独特竞争优势。最后,本研究更深入地研究了中国广告产业竞争力的优势和劣势,在模拟预测的基础上,提出中国广告产业的发展要集中力量致力于竞争劣势的提高。

下半部分则在分析影响广告产业竞争力的产业内部因素和外部因素的基础上,提出了基于内部可控因素的广告产业竞争力提升策略。继上半部分宏观研究后,下半部分落地于中国广告产业微观层面,即针对广告产业主体——广告公司自身发展可控内在因素的改进,从产业集聚、企业资源要素、企业业务转型三个层面来讨论如何改善中国广告产业高度分散、高度弱小、粗放发展、绩效低下的竞争劣势,提出中国广告产业国际竞争力提升的策略和路径。

本书将广告产业的发展置于中国经济社会建设与国家经济发展的宏阔背景之下展开研究,以国家意识和问题意识的双重研究导向,探寻中国广告产业参与国际竞争,提升产业竞争力的模式和路径,以期为国家和企业提供理论和实证的依据,是在中国经济增长方式和发展方式转型的时代背景下进行的积极探索。

导　　论

一、研究背景与研究意义

（一）研究背景

改革开放的 30 年,是中国经济、政治、文化和社会建设取得巨大成就的 30 年。这 30 年间,中国广告产业以年均 30.8% 的高增长率跻身为除了美国、日本、德国之外的全球第四大广告市场,对中国国民生产总值的直接贡献率达到了 0.6%,反映出中国广告产业巨大的发展空间和社会经济价值。尽管中国广告产业发展势头喜人,但中国广告市场在世界广告市场的占比仍较小,同其他发达国家差距很大,中国广告产业的发展任重而道远。因此,关注中国广告产业的发展,研究其发展规律,直面其发展困境,破解其发展难题,对于"做大"、"做强"广告产业是必须的,也是中国广告学者和研究者义不容辞的责任。

本书旨在引入国家竞争力理论,以国家意识和问题意识的双重研究导向,检视发达国家广告产业发展的历史经验,考察中国广告产业竞争力的国际地位和状况,探索提升中国广告产业国际竞争力的路径,以期对中国广告产业更好的参与国际竞争有所贡献。

为什么要以竞争力为切入点研究中国广告产业,理由有二:

其一,国家之间的竞争其实就是产业之间的竞争,在中国加快实现经济增长方式和发展方式的转变的特定背景下,作为文化创意产业的重要构成的广告产业是否能在国际竞争中打造自身的竞争力,实现自主发展和可持续发展,不仅对中国广告产业裨益良多,更具有重大的国家战略意义。

其二,中国广告产业发展低集中度和泛专业化的问题严重,本土广告产业在国外广告产业的侵占和蚕食下危机重重,中国广告产业虽然规模庞大却缺乏国际竞争力。本研究试图建立一个体现广告产业特征的评价指标体系,在对中国广告产业国际竞争力地位进行正确评估的基础上,通过建立广告产业竞争力分析模型,并对分析模型中各种影响因素进行考量,依此探索中国广告产业的发展模式的可行路径,是有明确的指向和现实意义的。

(二)研究意义

本研究选取全球广告市场最大的前五个国家——美国、日本、中国、德国、英国,以国家意识和问题意识的双重研究导向,在历史与现实的双重坐标上,结合不同国家文化、经济、社会发展等综合考量,分析中国与其他发达国家广告产业发展各自的优势和劣势及其形成的原因,借鉴不同发达国家在发展广告产业过程中各具特色的经验,以期对中国广告产业形成与广告产业大国地位相匹配的广告产业强国提供建设性的意见和建议。本研究在中国政府加快经济发展方式转型和提高开放经济水平的战略安排背景下,具有重要的理论意义和实践应用价值。

1.理论意义

从理论贡献来看,现有的关于广告产业的研究中,虽不乏中外广告产业发展的对比研究,但极少有将中国广告产业与其他几大强国放在同一个坐标体系中进行同时对比研究的,在广告产业竞争态势、内外部优势劣势分析中也较少运用实证研究方法。而事实上,要提出中国广告产业的未来发展战略,必须建立在对中国广告产业的国际竞争态势的准确评估的基础上,建立在历史与现实双重坐标的强国之间的比较的基础上。对于广告产业的研究,这种研究视角和研究方法的结合对现有的广告产业研究是丰富和补充。

2.实际应用价值

从实践层面来看,党的十八大继续强调了完善社会主义市场经济体制,转变经济发展方式,走中国自主创新道路,并提出了要提高开放型经济水平,实行更加积极主动的开放战略,完善互利共赢、多元平衡、安全高效的开放型经济体系,推动开放朝着"优化结构、拓展深度、提高效益"方向转变。在此背景下,研究完全对外开放的中国广告产业如何突破目前"大而不强"、"外资主导"的现状,走中国特色的自主创新发展道路,积极参与国际竞争和提升国际产业地位。一方面为政府相关部门制定政策和进行决策提供依据,一方面也为行业组织和广告企业提供实践参考。

二、相关研究文献综述

(一)广告产业研究文献综述

1.国外广告产业研究文献综述

发达国家的广告产业早已进入相当成熟的发展阶段。检索相关研究文献,包括经济学与产业经济学的研究文献,很少见有关广告产业研究方面的相关成果。在广告学研究领域,主要有三大研究取向:一是以广告策划与创意为核心的"修辞"研究取向;二是以广告效果为核心的商业研究取向;三是以广告文化为核心的批判研究取向。

以美国为首的广告学研究最初是采取的"修辞"研究取向,主要涉及以下几个方面的研究:广告修辞方法的分析、广告中视觉修辞研究、广告修辞与消费者研究[①]。到了 20 世纪 70 年代营销传播机构开始运作广告,广告研究有个两个截然不同的研究取向,一是以美国为代表的商业研究取向,一是以欧美为代表的文化研究取向。美国的商业研究取向,主要是围绕着广告接受效果展开的,传统的广告效果研究内容主要涉及四方面:广告效果模式研究、影响广告效果因素研究、特定媒体、广告作品效果研究[②]。诸如手机、网络等新媒体广告和植入式广告、口碑传播等新形式广告的效果成为近几年关注的重点,2009 年跨媒体广告效果比较研究成为一大新的亮点。在研究对象上更多关注少年儿童和大学生群体。批判研究取向以欧洲传播学的批判学派为代表。其话题主要集中在以下几个方面:其一,广告制造消费文化,操控大众需求;其二,广告营造了一个脱离实际、让消费者身陷其中无法自拔的"拟态环境";其

①　郑奕:《西方广告修辞研究述评》,《东南传播》2009 年第 8 期。
②　许正林、薛敏芝:《2009 西方广告学术研究的七大视点》,《广告大观理论版》2010 年第 2 期。

三,广告是极具浪费性的促销,对整体需求的创造效果巨大。在这些研究中,广告并没有被视为传播商品信息的工具,而是作为社会控制的工具遭受批判。

目前所见广告产业的研究文献主要是 Business Source Complete(BSC,EBSCO 商管财经学术资源大全)从 2008 年至今提供的全球广告产业概况的资讯,分别于 2008 年 11 月、2009 年 11 月和 2010 年 7 月共出了 3 辑。这些资讯是由 DATAMONITOR 提供的,DATAMONITOR 是一家国际知名的信息服务公司,为全球 5000 多家一流公司提供市场分析及商务信息,跨越汽车业、金融业、医药业、消费品市场、传媒业、能源业及科技界等不同领域。DATAMONITOR 从 2008年开始每年都提供全球广告产业的调查报告,报告将全球广告市场划分为北美、南美、西欧、东欧、亚太四大块,主要涉及美国、加拿大、比利时、法国、德国、英国、意大利、荷兰、西班牙、日本、中国等十多个国家的广告产业的概况描述,内容主要包括各国广告产业产值全球占比和世界排名、各国广告产业行业构成、各国境内重要广告集团的财务数据、各国广告产业现状描述和发展预测等。诸如此类的广告产业资讯还可见于 *Advertising Age*(《广告时代》)杂志,该杂志每年年末也会对全球著名的广告集团这一年的营运活动和业绩进行梳理和统计,与 DATAMONITOR 不同的是,*Advertising Age* 杂志主要关注的是美国广告产业的发展现状描述,在地域上并没有扩展到全球范围。

西方发达国家的广告产业研究主要也集中在美国,采取的是商业研究取向,较为多见的是重要国家广告产业和跨国广告集团的商业资讯,虽然从近年发表的论文可以看到越来越多的学者开始关注整合营销传播和数字传播技术对媒体和广告带来的影响,但对广告产业发展进行系统性的学理探究的论文实在寥寥无几。尽管如此,发达国家广告产业的发展实践,却为本论文提供足资参照的经验。如欧美广告,20 世纪上半叶,即已进入规模化与集团化发展阶段;20 世纪 60 年代,美国即将广告业纳入文化产业范畴,作为国家战略产业予以重点发展;20 世纪 90 年代,英国率先提出"创意产业"的概念,欧洲大部分国家纷纷将广告业纳入"创意产业"的范畴,进一步促进广告业的发展。如亚洲的日韩,其广告业在政策的扶持下,走倚托企业、倚托媒介的发展道路,迅速成长为亚洲广告强国、世界广告强国。

2.国内广告产业研究文献综述

在相当长一段时间内,国内广告学研究,大体沿袭西方广告学三大研究取向的研究路径,很少关注广告产业的发展问题。2005 年,《全球五大广告集团解析》的发表①,引发学界、业界的大讨论,拉开中国学界关于广告产业发展研究的序幕。此后,关于广告产业发展的研究论文数量呈现出逐年上升的趋势。这些论文主要可分为两大类别:第一类是在数字传播与新媒体环境、整合营销传播这两大背景下讨论包括中国广告产业在内的全球广告产业发展趋势,第二类是对特定环境中国广告产业的发展模式和发展路径的探讨。

在第一类的研究论文中,广告学者和学人们越来越关注到全球广告产业发展的两大重要背景:一是数字传播与新媒体环境;二是整合营销传播。

有学者将新媒体描述为"生产无限、传播无限、需求接近无限",这影响到消费者媒体接触形态呈现出"碎片化"趋势,也使得广告从简单的传播工具向集多种交流渠道和多类交流方式于一体的沟通平台演化②。有学者预见到"受众时代"的真正来临,未来人们享受高品质的媒体服务大部分是需要收费的,媒体的生存资本提供者将由广告主向传播受众发生转移,广告从观念到形态,从效果衡量标准到核心价值都会发生改变③。有学者对数字时代的广告形态进行了如下描述:原本界限清晰的媒介形态在数字技术的渗透下变得越来越模糊,媒介终端的"无所不能"与网络的"无处不在"特征渐渐鲜明。信息传递的空间由"静"向"动"转变——从家庭的固定传播到以移动多媒体为主的陆、海、空流动作战,再到楼宇电视、卖场媒体的伏地阻击,几大空间无缝连接。数字时代以定向、精准、互动为主要特点的广告形式层出不穷,广告经营主体变得多元,广告资源组合的必要性增强,强强联盟与资本统合成为方向④。对于未来的广告模式,学者们各执一词,有学者认为未来的广告应该是

① 张金海、高运峰等:《全球五大广告集团解析》,《现代广告》2005 年第 6 期。
② 黄升民、杨雪睿:《碎片化:品牌传播与大众传媒新趋势》,《现代传播》2005 年第 6 期;黄升民:《消费重聚:多元分化过程的另一个侧面》,《现代传播》2007 年第 5 期;黄升民:《分与聚:一个潮流五大关键》,《广告大观综合版》2007 年第 6 期。
③ 舒咏平:《数字传播环境下广告观念的变革》,《新闻大学》2007 年第 1 期。
④ 丁俊杰、黄河:《观察与思考:中国广告观》,《现代传播》2007 年第 4 期。

以网络技术和数据库技术为内核,将原来对于消费者"轰炸式"的传播方法演化为"尊重本体需求下的吸引"模式,也就是"广告传播平台化"①。有学者认为整合以客户为中心的组织形式将成为广告服务的核心②。还有学者提出了"创意传播管理"的概念,即以人的智慧与数字技术相结合控制传播资源,增强传播力,维护、创造和管理传播资产。广告服务模式将围绕这个系统进行转型,并带动中国广告业进入产业链全面调整的新的历史时期③。这些文献对本研究有直接的借鉴意义与启发作用。

与数字化和新媒体相伴而生的,是传统营销传播转变为整合营销传播的不争事实。这个"参与、互动、个性的数字化整合营销时代④"给广告产业带来了经营理念和产业形态的转型。有学者提出以经营理念转型作为广告产业创新的先机,从销售代言转向整合营销传播⑤,更有学者指出广告的未来发展趋势将是以广告为工具整合其他营销手段,广告产业形态将发生重大改变,即由提供单一广告代理服务的广告产业走向提供广告、公关、促销、营销咨询等多元化服务的"大广告产业",以广告产业为核心来整合其他营销传播服务的相关领域⑥。这些论题将在本研究的框架下予以更深入的探讨。

在第二类的研究论文中,有学者指出中国广告产业发展存在的主要问题有三个,即低集中度、泛专业化和外资化倾向。主张扶持本土广告业的发展,避免外资化倾向;走日韩在政府扶持下,倚托企业、倚托媒介的发展道路⑦;由

---

① 黄升民:《广告市场环境的变化与营销应对》,《中国广告》2006 年第 8 期。

② 程士安:《数字化时代广告业的"蓝海"究竟在哪里?》,《广告大观综合版》2007 年第 3 期。

③ 陈刚:《未来是创意传播管理的时代》,《国际广告》2008 年第 10 期;陈刚:《后广告时代:创意传播管理革命》,《广告大观综合版》2008 年第 7 期;陈刚:《第四类广告公司 VS 创意传播》,《广告大观综合版》2008 年第 5 期;陈刚:《创意传播管理(CCM)——新传播环境与营销传播革命》,《广告大观综合版》2008 年第 5 期。

④ Mark Cripps:《参与、互动、个性的数字化整合营销时代》,《广告大观综合版》2008 年第 7 期。

⑤ 张敏:《从销售代言到整合营销传播——试论中国广告业经营理念转型》,《新闻界》2006 年第 5 期。

⑥ 程明、姜帆:《整合营销传播背景下广告产业形态的重构》,《武汉大学学报》2009 年第 7 期。

⑦ 张金海等:《中国广告产业发展与创新研究》,《中国媒体发展研究报告》2007 年卷。

分散—集中—集群,加快实现中国广告产业规律化、集团化发展①。

在我国广告产业外资化问题上,有学者认为本土广告产业要打好文化牌和竞合牌,坚持走现代市场经营之路②。有学者认为我国广告产业首要解决的问题是"资本化"发展③。也有学者认为中国市场的广袤和复杂对国际公司和本土公司而言都是深刻的课题,双方的知识模块与本土经验的优势需要整合④。还有学者从产业自主和产业安全的角度显示了对外资化倾向的忧虑,认为本土广告产业应迅速规模化以防止外资控局,其最根本途径就是本土广告公司通过资本运作迅速扩大规模,或者媒介集团和企业集团通过对现有广告公司的参股或并购实现广告产业的资本重组和结构⑤。学者们对于中国产业外资化倾向的众说纷纭,需要对中国广告市场的实证研究得以佐证,这正是本研究的内容和目标之一。

至于中国广告产业的泛专业化问题,学者们也多有探讨。有学者提出面临着业务领域、市场领域、整合营销领域专业化的挑战的广告产业,必须致力于在上述领域发展高度专门化的组织,在此基础上才能实现高度专业化⑥。也有学者提出要以专业领域的水平细分来提升广告公司的专业水平和核心竞争力⑦。还有些学者将核心竞争力的概念引入,强调广告公司核心竞争力的打造。这些思路有待于本研究进一步探讨。

另外还有一些论文涉及广告产业在中国经济社会发展中的功能和作用,如对广告与消费的关系、广告与其他产业的关联度、广告产业与文化产业、创

---

① 张金海、刘芳:《广告产业发展模式的创新和发展路径的选择》,《广告大观综合版》2008年第3期。

② 崔雨奇:《本土广告业如何应对外资进入》,《新闻传播》2006年第10期。

③ 黄也平:《中国广告企业必须走"资本型"发展的道路》,《中国广告》2006年第8期。

④ 黄升民:《分聚之间的危情与转机——略论新世纪以来中国广告产业的内在驱动力》,《国际广告》2007年第9期。

⑤ 张金海、刘芳:《广告产业发展模式的创新和发展路径的选择》,《广告大观综合版》2008年第3期。

⑥ 张金海、刘芳:《广告产业发展模式的创新和发展路径的选择》,《广告大观综合版》2008年第3期。

⑦ 邓敏:《我国广告产业集群现状分析》,《当代传播》2008年第1期。

意产业之间的关系的探讨,虽数量极少,但对本研究将提供一定的理论和实证资源,具有启发意义。

3.国内外广告产业研究评价

如上观之,国外的广告产业研究偏重于商业资讯的描述性研究,局限于狭小的广告本位,而缺乏整体发展的宏观视角;虽然有大量的数据提供,却缺乏学理层面的阐释性研究,因而显得空泛而缺乏深度。国内已经开始从经济学、管理学的角度介入中国广告产业的研究,但研究中存在较多缺憾,比如研究内容较为分散而缺乏系统,流于空疏的议论而缺乏精准的量化分析,胶着于经验总结与表象陈述而缺乏成熟的研究范式和分析框架。大多数研究的都是"应然"的问题,少有关于"实然"问题的追问。总而言之,广告产业研究的主导框架仍是广告学,与之关系密切的产业经济学理论尚未得到广泛运用;研究议题主要立足于中国本土,面向世界的眼光显得较为缺乏;研究方法也以描述性和阐释性的定性研究为主,少有统计逻辑的定量研究。这些研究视野和研究方法的缺憾正是本研究研究力图补充和突破的地方。

(二)产业竞争力研究文献综述

1.国内外产业竞争力研究文献综述

竞争力是一个多层次内涵的概念,国内外学者对竞争力问题都进行过多角度、多层面的广泛研究。按照竞争力研究的层次一般可以将竞争力划分为国家竞争力、产业竞争力、企业竞争力,其中国家竞争力是宏观层次的研究,产业竞争力是中观层次的研究,企业竞争力是微观层次的研究。研究的路线是从宏观—中观—微观。产业竞争力作为中观层面的研究是以宏观的国家竞争力为目标,以微观的企业竞争力为切入口的。

国内外学者从多角度阐述了产业竞争力的概念,如迈克尔·波特提出了国际竞争力说,认为产业竞争力就是一国(或地区)特定产业通过在国际市场上销售产品及提供服务所反映出来的竞争能力,它是与产业的最终利润潜力或产业利润率一致的①。浙江产业竞争力比较研究课题组(1997)则将产业竞

---

① 迈克尔·波特:《国家竞争优势(中文版)》,李明轩、邱如关译,华夏出版社2002年版。

争力归结为一种区域竞争力,提出产业竞争力是指某一产业在区域之间的竞争中,在合理、公正的市场条件提供有效产品和服务的能力①。浙江师范大学商学院陈红儿院长(2002)也认为产业竞争力是指在一国内部各区域之间的竞争中,特定区域的特定产业在国内市场上的表现和地位。这种表现和地位,通常是由该区域产业所具有的提供有效产品或服务的能力具体显示出来②。中国社科院裴长洪博士(1998)认为产业竞争力是一种比较优势和竞争优势,指出产业竞争力是区域产业的比较优势和它在一般市场绝对竞争优势的总和③。张超(2002)认为产业竞争力一种比较能力,是指属于国家的同类产业之间效率、生产能力和创新能力的比较以及在国际间自由贸易条件下各国同类产业最终在产品市场上的竞争能力④。盛世豪(1999)则认为产业竞争力是一种综合能力,指出产业竞争力是指某一产业在区域之间的竞争中,在合理、公正的市场条件下,能够提供有效产品和服务的能力,是产业的供给能力、价格能力、投资盈利能力的综合⑤。中国社科院金碚研究员(2003)从比较生产力的观点提出产业竞争力是国际间自由贸易条件下,一国特定产业以其相对于他国的更高生产力,向国际市场提供符合消费者或购买者需求的更多产品,并持续获得盈利的能力⑥。郭京福教授(2004)强调了要素资源配置,认为产业竞争力是指某一产业或整体产业通过对生产要素和资源的高效配置及转换,稳定持续的生产出比竞争对手更多财富的能力,体现的是在市场竞争中的比较关系,表现在市场上如产品价格、成本、质量、服务、品牌和差异化等方面比竞争对手所具有的差异化能力⑦。伦蕊(2005)在《产业竞争力研究述评》中将"产业竞争力"定义为"产业竞争力是指反映在产业经济活动中的较高的

---

① 浙江产业竞争力比较研究课题组:《提高产业竞争力:浙江跨世纪发展的战略选择》,《中国软科学》1997年第3期。

② 陈红儿、陈刚:《区域产业竞争力评价模型与案例分析》,《中国软科学》2002年第1期。

③ 裴长洪:《利用外资与产业竞争力》,社会科学文献出版社1998年版。

④ 张超:《提升产业竞争力的理论与对策探微》,《宏观经济研究》2002年第5期。

⑤ 盛世豪、郑燕伟:《竞争优势:浙江产业集群演变和发展研究》,浙江大学出版社1999年版。

⑥ 金碚:《竞争力经济学》,广东经济出版社2003年版。

⑦ 郭京福:《产业竞争力研究》,《经济论坛》2004年第14期。

资源的利用效率与配置效率(表现层),是产业技术进步能力、产业组织成长能力、产业空间聚散能力和产业要素引斥能力的有机统一(本质层),是产业在持续创新过程中提升技术效率和制度效率的结果(来源层)。"①

产业竞争力作为竞争力研究领域的一个分支,其理论研究和竞争力的理论渊源密不可分。其理论基础包括古典经济学家亚当·斯密提出的比较优势理论、郝克歇尔和俄林提出的要素禀赋理论、熊彼得提出的技术创新理论、迈克尔·波特提出的竞争优势理论、C.K.普拉海拉德和G.哈默提出的核心竞争力理论。我国对产业竞争力的关注开始于20世纪90年代初,随着改革开放对外经济交流的增多,提升民族产业的竞争力成为政府和产学两界关心的问题。1991年原国家科委下达了软课题——"国际竞争力的研究",这是我国国际竞争力、产业竞争力研究的肇始。该课题由狄昂照等学者承担,其研究成果《国际竞争力》于1992年由改革出版社出版,成为我国产业竞争力研究的开山之作。1995年中国科学院金碚博士等学者承担了中国社科院招标课题——"我国工业品国际竞争力的比较研究",其成果最后形成《中国工业国际竞争力——理论、方法与实证研究》于1997年由经济管理出版社出版,成为继1991年以后我国关于产业竞争力的第二部力作。该书对产业竞争力的内涵、研究对象、分析范式、评价指标等相关理论问题进行了全面的探讨,填补了我国产业经济研究的一个空白。1997年中国科学院裴长洪博士以《利用外资与产业竞争力》为其博士论文选题,对产业竞争力进行了进一步研究,其成果于1998年由社会科学文献出版社出版,成为我国产业竞争力研究的第三部著作。1999年,中共浙江省委党校盛世豪教授出版了《产业竞争论》,从产业结构、技术创新、规模经济、全球经济一体化等方面对产业经济力问题进行了系统研究。

在这些研究中金碚的研究引起了很大的关注,尤其是金碚在2003年出版的《竞争力经济学》提出了比较优势和竞争优势双重理论。他认为,各国产业在世界经济体系中的地位是由多种因素所决定的,从国际分工的角度看,比较

---

① 伦蕊:《产业竞争力研究述评》,《学术论坛》2005年第10期。

优势具有决定性作用;从产业竞争的角度看,竞争优势又起决定性作用;而在现实中,比较优势和竞争优势实际上共同决定着各国各产业的国际地位及其变化趋势。他进一步指出,比较优势与竞争优势是相互联系、相互影响的。比较优势是形成竞争优势的基础,比较优势的发挥可以转化为竞争优势,反过来竞争优势会强化比较优势。在一国的产业发展中,一旦发生对外经济关系,比较优势与竞争优势会同时发生作用;一国具有比较优势的产业往往易于形成较强的国际竞争优势;一国产业的比较优势要通过竞争优势才能体现;两者的本质都是生产力的国际比较,所不同的是,前者强调各国不同产业间的生产率比较,后者强调各国相同产业间的生产率比较。他的这种提法可以认为是对产业竞争力理论的一个有益补充。

对产业竞争力的分析范式中最为经典的就是波特教授在《国家竞争优势》一书中提出的"钻石模型",其后英国学者邓宁(1993)对波特的"钻石模型"进行了修正,提出了"国际化钻石模型",鲁格曼和克鲁兹(1993)在分析加拿大的国家竞争优势时又提出了"双钻石模型",韩国汉城大学教授赵东成(Dong-Sung Cho,1994)结合韩国的实际,提出了"九要素模型",金碚在对工业竞争力的研究中提出了工业品竞争力因果分析框架,上海社科院厉无畏提出了中国产业竞争力一般分析框架,中国人民大学赵彦云教授提出了"三位一体"的中国产业竞争力钻石模型,复旦大学芮明杰教授(2006)对波特教授的"钻石模型"做了一点修改,即为"钻石模型"加了一个核心—知识吸收与创新能力,提出了"新钻石模型"。

在产业竞争力的实证研究领域,国内外学者也做了大量的工作。1980—1990年间,迈克尔·波特就对世界上多个国家的100多个产业或产业群的产生、发展进行了比较研究。世界经济论坛和瑞士国际管理发展学院从20世纪80年代开始发表世界竞争力报告。Lee和Tang(2000)采用双边生产函数计算出加拿大和美国的TEP生产率,从而比较了两国对应产业的竞争力状况。侯珺然、郭士信(2002)通过全要素生产率的国际比较,分析了日本的产业竞争力。黄勇峰、任若恩(2002)运用由乔根森和尼士密如引入的双国超越对数生产模型,对中美制造业的分行业生产率做了计算,从而分析了相关行业的产业竞争力状况。

20 世纪 90 年代以来,对中国产业竞争力的实证研究也在制造业领域和其他单一产业领域广泛展开。在笔者搜集的 134 篇产业竞争力的实证文献中,52 篇是关于我国制造业的实证分析。吕贴(1997)对 20 世纪 80 年代以来中国加工工业增长效率进行了实证分析,任若恩(1996)对中国制造业的相对价格和劳动生产率以及人均增加值的数据做了研究分析,他(1999,2005)还对我国制造业的国际竞争力进行了双边及多边比较;张其仔(2003)以"三资"企业为标杆,对开放条件下我国制造业的国际竞争力进行了统计分析;赖明勇、王建华、吴献金(1999)分析了技术进步对中国工业制成品的国际竞争力的作用;金碚、李钢、陈志(2006)利用最新的统计数据对中国加入 WTO 以后国际竞争力的现状及变化趋势进行了实证研究;魏后凯、吴利学(2002)提出了一个衡量地区工业竞争力的基本理论框架,根据这一基本理论框架,设计了一个简便的测度地区工业竞争力的综合评价指标体系,并据此对当前我国各地区的工业竞争力状况进行了初步评价。刘重力、赵军华(2004)通过对中国工业产业国际竞争力的实证分析得出不断增强的竞争力主要来源于与竞争优势有关的各要素的结论。其他还有一些针对诸如对汽车制造业、钢铁、IT、纺织、生物、石油、通信、农业等单一子产业的实证研究呈零星分布。王其藩、李宇宏、张淼、张显东(2000)用比较优势和国家竞争优势理论对中国钢铁产业的竞争力进行了分析;吴红光(2001)对我国纺织业国际竞争力进行了分析,提出贸易政策调整的建议;杨嵘(2004)建立了包括竞争实力指标、竞争潜力指标、竞争环境指标和竞争动态指标的评价指标体系,对中国石油产业竞争力进行了国际比较分析;游士兵、肖加元(2005)从实证的角度研究了农业竞争力的测度方法。最近两年还呈现出对区域产业和集群产业的关注态势。

2.国内外产业竞争力研究评价

综合以上文献,我们可以看到产业竞争力的内涵是非常丰富的,不同的研究角度决定了产业竞争力的不同内涵。

首先,从研究的层次来看,产业竞争力是中观层次的竞争力,其介于宏观的国家竞争力和微观的企业竞争力之间。它既和企业竞争力紧密相连,又和国家竞争力密不可分,是联系企业竞争力和国家竞争力的纽带,是一个国家、地区综合竞争力在各个产业中的具体体现。

其次,从研究的空间来说,产业竞争力有两个层面:一是国际层面,即产业国际竞争力,研究的是特定国家的特定产业在国际市场上的竞争力,这也是目前研究最广泛的一个层面;二是国内层面,研究的是一国内部特定区域的特定产业在国内市场(即区际市场)上的竞争力,即区域产业竞争力。

最后,从研究的产业对象来说,产业竞争力也有两个层面:一是产业总体竞争力,即包括第一、第二和第三产业在内的产业整体竞争能力;二是具体产业竞争力,即是指具体某一产业,如制造业、石油产业等。

如前所述,关于产业竞争力的文献相当庞杂,涉及范围很广,可谓进行了多角度、多层面的深入研究。这些研究存在以下共同点:

(1)产业竞争力分析范式仍基本沿用波特模型

从已有的产业竞争力分析范式来看,无论是国外的分析范式还是国内的分析范式,大部分是基于波特教授的钻石模型进行了不同程度的改进和创新,或是对原影响因素的进一步细化和分解,或是增添了新的影响因素,而实质上对于产业竞争力的分析思路没有重大突破,仍然以波特的产业竞争力分析模型为主,只是各人强调的重点或者研究的视角不同而已。

(2)产业竞争力评价指标存在一定的随意性

产业竞争力指标体系测度方法有利于从多方面、多层次的把握产业整体竞争力,但庞杂的产业竞争力评价指标体系往往会由于研究的角度和侧重点不同,或者部门产业差异较大,而导致指标体系的模块结构、影响因素的选取具有一定的随意性。

三、本研究力图解决的主要问题与使用的主要理论资源

(一)本研究力图解决的主要问题

本研究通过实证研究和质性分析,力图解决两大问题:

其一,分析评价中国广告产业竞争力在全球广告产业中处于什么样的地位和状况?

其二,研究应该从哪几个主要层面提升中国广告产业的国际竞争力?

为了解决这两大问题,本研究力图在对产业竞争力分析框架的梳理和分析中构建适合广告产业的竞争力分析框架,并试图构建起具有普适性和可操作性的广告产业竞争力评价指标体系,用以对各国的广告产业竞争力进行实证分析和评价。在实证研究和质性分析的基础上,探究发达国家广告产业竞争优势的来源,获得中国广告产业竞争力与发达国家广告产业竞争力的差异的了解,并在对影响中国广告产业竞争力的内外因素的深入分析上,提出相应的中国广告产业国际竞争力提升路径和对策。

(二)本研究使用的主要理论资源

1.比较优势理论

古典经济学家亚当·斯密于1776年提出了绝对优势理论,他认为不同国家在其拥有的绝对优势基础上进行国际分工和贸易,双方都能获益。该理论由于无法解释当一国在所有产品上都有较高生产率,而另一国在所有产品上生产成本都高于其他国家时的国际贸易情况。这个问题被李嘉图于1871年提出的比较优势概念进行了完善。李嘉图认为商品的相对价格差异也就是比较优势是国家间进行贸易的基础,市场机制会把一个国家的资源配置到具有较高生产率的产业中去。一个国家应专门生产那些自己具有较高生产率的商品,以交换那些自己具有较低生产率的商品。这种理论将产业竞争力归结为生产成本和效率的差异。

2.要素禀赋理论

郝克歇尔和俄林对比较优势理论进行了进一步完善,于20世纪初提出了要素禀赋论(H-O模型)。这个理论提出在一个给定区域内,供给量丰富的要素,其相对价格较低,密集使用这一要素的产品相对成本也较低;而供给量较少的生产要素相对价格较高,密集使用这一要素的产品相对成本也较高。因此,资本富裕的国家具有生产资本密集型产品的比较优势,劳动资源丰富的国家具有生产劳动密集型产品的比较优势。在自由贸易情况下,市场竞争的结果是实现最佳的国际分工,产品价格和要素价格在世界各国趋于统一(要素价格的均等化),各个国家在国际分工中逐渐形成自己的优势产业。这说明对于产业竞争力的研究开始注重生产投入要素的资源禀赋衡量和比较。

3.技术创新理论

以熊彼得为代表的技术创新论,认为竞争优势主要来源于技术及组织的不断创新,熊彼得在其1912年发表的著作《经济发展理论》中第一次提出"创新"概念,并逐步形成了一套技术创新理论。按照他的定义,所谓"创新"就是建立一种新生产函数,即把一种从来没有过的关于生产要素和生产条件的"新组合"引入生产体系。他指出创新有五种形式:第一,引入新的产品或提供新质量的产品;第二,采用新的生产方法;第三,开辟新的市场;第四,获得新的供给来源;第五,实行新的组织形式。也就是说他的创新主要指的有三个层面:技术创新、市场创新、组织创新。他的这种创新理论构建出动态和不断进化的竞争观点。

4.竞争优势理论

哈佛商学院的迈克尔·波特从1980年到1990年连续出版了四本专著:《竞争战略》、《竞争优势》、《全球产业中的竞争》、《国家竞争优势》,被视为竞争优势理论诞生的标志,在全球产生了重要的影响。他在《竞争优势》一书中比较系统地分析了产业竞争战略的基本框架,将决定产业竞争状态的主要因素概括为五个方面(五力模型):第一,入侵威胁(潜在竞争者);第二,被替代的威胁;第三,买方的议价能力;第四,供方的议价能力;第五,现有竞争对手的竞争。后来他在《国家竞争优势》中提到有六个因素(钻石模型)影响各国的产业竞争力,即:第一,生产因素(人力资源、自然资源、知识资源和基础设施);第二,市场需求;第三,相关和辅助产业;第四,企业策略和结构及竞争对手;第五,机遇;第六,政府。此外,波特关于产业演变、产业环境、产业成熟度、产业集中度等方面的论述对于产业竞争力评价体系的研究也具有重要参考价值。

5.核心竞争力理论

1990年C.K.普拉海拉德和G.哈默在《哈佛商业评论》5—6月刊发表了《公司核心能力》,首次提出了"核心竞争力"的概念,他们的论述对象主要是制造业,以大量的实例分析来说明企业获取持续竞争优势的因素就是其核心技能。而核心技能之所以能形成的原因就是企业对组织中各种技能、人员、机制、价格观的协调整合能力。也就是说"核心技能"和"自组织能力"是互为表里的。这个理论后来经过国内外学界的丰富,逐步发展成核心竞争力理论。核心竞争力理论作为管理学和经济学交融的成果,更多地侧重于企业层面的管理学角度探究。

6.比较优势和竞争优势双重理论

这是金碚在2003年出版的《竞争力经济学》中提出的。他认为,各国产业在世界经济体系中的地位是由多种因素所决定的,从国际分工的角度看,比较优势具有决定性作用;从产业竞争的角度看,竞争优势又起决定性作用;而在现实中,比较优势和竞争优势实际上共同决定着各国各产业的国际地位及其变化趋势。他进一步指出,比较优势与竞争优势是相互联系、相互影响的。比较优势是形成竞争优势的基础,比较优势的发挥可以转化为竞争优势,反过来竞争优势会强化比较优势。在一国的产业发展中,一旦发生对外经济关系,比较优势与竞争优势会同时发生作用;一国具有比较优势的产业往往易于形成较强的国际竞争优势;一国产业的比较优势要通过竞争优势才能体现;两者的本质都是生产力的国际比较,所不同的是,前者强调各国不同产业间的生产率比较,后者强调各国相同产业间的生产率比较。他的这种提法可以认为是对产业竞争力理论的一个有益补充。

四、研究思路与研究方法

(一)研究思路

本书在产业竞争力理论的参照下,结合当前世界最重要的五个国家广告产业的发展实践和国内外调研成果及数据,对这五个国家广告产业的全球竞争态势做一个战略性、综合性的解读和描绘。在研究中采取两个视角,即历史—现实双重视角、全球视角。

所谓历史—现实双重视角,即在考察五个国家广告产业竞争态势的时候,不局限当前的状况,而是结合各自国家广告产业的历史背景,探求历史是什么状况,今天为什么是这样的状况,在产业竞争实力形成的过程中动态的、纵横交叉的进行考察。

所谓全球视角,即在对中国广告产业竞争态势进行研究的时候,不仅仅局限于本国本土,而是将中国广告产业置于全球广告产业发展的大背景中,在五个国家同一坐标体系的跨国比较中探寻中国广告产业竞争的优势和劣势究竟何在。

(二)研究方法

1. 文献研究法

通过收集中西方相关文献资料,分析总结广告产业发展的特点及规律,结合"竞争力"的研究成果,试图建立广告产业竞争力的评价模型和评价指标,并在此基础上探索中国广告产业建立自身竞争优势的路径。

2. 历史研究法

由于美国广告产业的形成和扩张经历了百年历史,因此历史地考察美国广告产业发展道路的经验是本文的基本方法之一。除此外,对日本、德国、英国广告产业和中国广告产业发展路径的回顾也运用到了历史研究法。

3. 比较法

由于各国不同的政治经济背景和现实条件,美国、德国、英国、日本、中国广告产业的发展也各有千秋。因此,横向地比较这些差异,并分析其根源,可以获得对广告产业发展规律的深层认识。

4. 问卷调查

鉴于本书将在总结西方广告产业发展规律的基础上,为中国广告产业发展提供改革思路,因此考察各国广告产业发展的现实情况,尤其是广告公司的核心竞争力模块,成为了本书不可或缺的内容。本书将采用小样本的问卷调查,作为探索性研究,为本书的结论与观点提供一定的数据支持。

5. 深度访谈法

本书将选择几位知名广告人进行"中国广告产业发展"问题的深度访谈,以了解广告从业者具有代表性的观点,为本书的结论与观点提供一定的参考。并让这些知名专家对广告产业竞争力评价指标体系各指标赋权,以作为实证研究中计算各国广告产业竞争力指数的依据。

6.个案研究

本书将选取著名的世界广告集团做深入的个案研究,探究这些全球广告集团成长中核心竞争力的凝聚过程,为提升中国广告公司核心竞争力用作参考。

上编 中国广告产业竞争力评价

　　本书的上半部分主要解决的是中国广告产业竞争力在全球广告产业中处于什么样的地位和状况的问题。在此之前,首先要建立起一个分析的框架和评价的基准。本书在对前人所提出的竞争力分析模型的基础上,结合广告产业的特征提出了广告产业竞争力分析模型,并以竞争力决定因素为基础构建了广告产业竞争力综合评价指标体系。然后,本书运用这一评价指标体系对全球广告产业总值最高的美、德、日、中、英五个国家的广告产业竞争力进行了综合评价,并提出处于竞争强优势第一集团、竞争弱优势第二集团的四个国家在发展广告产业中各自的竞争优势所在,揭示了中国广告产业竞争力打造要摆脱目前均衡落后的状态,培育自身的独特竞争优势。最后,本书更深入地研究了中国广告产业竞争力的优势和劣势,在模拟预测的基础上,提出中国广告产业的发展要集中力量致力于竞争劣势的提高。

第一章 广告产业竞争力分析
模型与评价指标体系

第一节 广告产业与广告产业竞争力

竞争力是一个多层次、内涵丰富的概念,国内外学者对竞争力问题都进行过多角度、多层面的广泛研究。按照竞争力研究的层次一般可以将竞争力划分为国家竞争力、产业竞争力、企业竞争力,其中国家竞争力是宏观层次的研究,产业竞争力是中观层次的研究,企业竞争力是微观层次的研究。不同层次的竞争力之间相互关联又有所区别。研究广告产业竞争力问题,首先应对产业竞争力的概念和广告产业竞争力的研究范畴有所界定。

一、产业竞争力的概念

（一）产业的概念

在国民经济中,"产业"是介于宏观的国民经济运行和微观的企业经济活动之间的中观部分。西方经济学对产业的定义是"产业是指国民经济的各行各业"。[①] 我国经济学者在此基础上进行了补充和修正,提出"产业是由国民经济中具有同一性质的经济社会活动单元构成的组织结构体系"。[②] 或者"产

---

① 梁小民:《经济学大辞典》,团结出版社 1994 年版,第 1334 页。
② 周新生:《产业分析与产业策划:方法及应用》,经济管理出版社 2005 年版,第 13 页。

业是指国民经济中的各行各业,包括农业、工业、服务业等一切领域,而每一个具体产业又是由同类型企业集合而成"。① 也有学者认为以国民经济部门来定义产业会造成"产业"概念内涵和外延的矛盾,提出将产业定义为"以满足人类合理需求、促进人的全面发展为目的,以自然物质产品、社会关系产品和人文精神产品的生产为内涵的社会组织的集合"。② 这个概念从产业的内在本质出发,较为科学地界定了产业范畴和产业归类。

(二)产业竞争力的界定

产业竞争力的研究,可以是一国内具有竞争关系的此产业和彼产业之间的产业间比较,可以是一国内同一产业的不同区域间的比较,也可以是不同国家的同一产业间的比较。本论文研究的产业竞争力侧重于后者,主要讨论的是产业的国际竞争力。

产业国际竞争力研究起步较晚,第一个从产业层面来研究国际竞争力的是哈佛大学的迈克尔·波特教授,随后很多学者从理论上和实践上进行了补充和完善。但关于产业国际竞争力的概念仍处于不断争论中,较有代表性的有以下几种说法。

1.国际比较生产力说

在国际上影响最大的波特教授和国内认同度较高的金碚研究员对产业竞争力的定义都属于此类。

波特(2002)指出产业竞争力是在国际间自由贸易条件下(在排除了贸易壁垒因素的假设条件下),一国特定产业以其相对于其他国更高的生产力向国际市场提供符合消费者(包括生产性消费)或购买者需要的更多的产品,并持续获得盈利的能力。

中国社科院金碚研究员(2003)把产业竞争力归结为国际间自由贸易条件下,一国特定产业以其相对于他国的更高生产力,向国际市场提供符合消费

---

① 芮明杰:《产业经济学》,上海财经大学出版社 1996 年版。
② 彭福扬、刘红玉:《关于产业概念及其分类的思考》,《湖南大学学报(社会科学版)》2008 年第 5 期。

者或购买者需求的更多产品,并持续获得盈利的能力①。

2.区域竞争力说

浙江产业竞争力比较研究课题组(1997)提出产业竞争力是指某一产业在区域之间的竞争中,在合理、公正的市场条件提供有效产品和服务的能力。②

浙江师范大学商学院陈红儿、陈刚(2002)也认为产业竞争力是指在一国内部各区域之间的竞争中,特定区域的特定产业在国内市场上的表现和地位。这种表现和地位,通常是由该区域产业所具有的提供有效产品或服务的能力具体显示出来。③

3.比较优势和竞争优势说

中国社科院裴长洪博士(1998)从产业竞争力的理论来源出发,提出产业竞争力是区域产业的比较优势和它在一般市场绝对竞争优势的总和。④

4.比较能力和综合能力说

张超(2002)认为产业竞争力是指属于国家的同类产业之间效率、生产能力和创新能力的比较以及在国际间自由贸易条件下各国同类产业最终在产品市场上的竞争能力。⑤

盛世豪(1999)指出产业竞争力是指某一产业在区域之间的竞争中,在合理、公正的市场条件下,能够提供有效产品和服务的能力,是产业的供给能力、价格能力、投资盈利能力的综合。⑥

5.要素资源配置说

郭京福教授(2004)认为产业竞争力是指某一产业或整体产业通过对生

---

①　金碚:《经济全球化背景下的中国工业》,《中国工业经济》2001年第5期。

②　浙江产业竞争力比较研究课题组:《提高产业竞争力:浙江跨世纪发展的战略选择》,《中国软科学》1997年第3期。

③　陈红儿、陈刚:《区域产业竞争力评价模型与案例分析》,《中国软科学》2002年第1期。

④　裴长洪:《利用外资与产业竞争力》,社会科学文献出版社1998年版。

⑤　张超:《提升产业竞争力的理论与对策探微》,《宏观经济研究》2002年第5期。

⑥　盛世豪、郑燕伟:《竞争优势:浙江产业集群演变和发展研究》,浙江大学出版社1999年版。

产要素和资源的高效配置及转换,稳定持续地生产出比竞争对手更多财富的能力,体现的是在市场竞争中的比较关系,表现在市场上如产品价格、成本、质量、服务、品牌和差异化等方面比竞争对手所具有的差异化能力①。

由于基本假设和分析角度不同,上述概念并没有对"产业竞争力"达成统一的界定,但形成了如下共识:

其一,产业竞争力是一个多层次、综合性的概念。

其二,产业竞争力是以企业竞争力为微观基础,国家竞争力为宏观目的,同时受到宏观、中观、微观三个不同层面的影响。

其三,产业竞争力具有比较优势和竞争优势的双重含义,是产业综合能力的体现。

为了行文的规范和方便,本文试图对"产业竞争力"做一个界定。所谓定义,就是对事物本质的归纳。用公式表示就是:被定义概念＝种差＋邻近属概念,"种差"是指同一属概念下的种概念所独有的属性(即和其他属概念的本质的差别),"邻近属概念"是指包含被定义者的最小的属概念。

基于前文对"产业"概念的界定和"产业竞争力"的中观取向,可将"产业竞争力"概括为:一国的某一产业比他国的同一产业更有效的向市场提供产品和服务的综合能力。这个概念将产业竞争力的"属"归纳为"更有效的提供产品和服务的综合能力",说明了产业竞争力的本质是产业的综合能力。将产业竞争力的"种差"表示为"一国的某一产业比他国的同一产业",也显示了产业竞争力中观层面的内涵,明确了其与"国家竞争力"、"企业竞争力"的区隔。

二、广告产业竞争力的核心内涵

(一)广告产业的概念

广告产业的定义最初见于张金海、程明(2006)所提出的"广告产业就是按照有关法律政策规定,以提供广告服务为专门职业,接受客户委托,利用一

---

① 郭京福:《产业竞争力研究》,《经济论坛》2004年第14期。

定的技术和设备,专业从事广告调查、广告策划、广告设计、广告制作、广告代理发布等各种代理服务并从中获取利润的专门化行业"。① 这个概念是对以广告业务为核心的传统广告产业的高度概括,但是随着数字技术的飞速发展,传统广告产业的产业形态已经发生了并正在继续发生着深刻的变革。为此,张金海、程明(2009)提出了"大广告产业"的概念,即包括整合营销传播代理业务在内的整体产业形态。② 虽然他们并没有提出一个具体的"大广告产业"的概念,但其提出的广告产业应该涵盖包括战略咨询、市场调查、公共关系、终端促销、媒体购买、网络营销和事件营销等服务在内的行业,其实是廓清了数字传播背景下广告产业的范畴。

据此,可以将广告产业重新定义为:按照有关法律政策规定,以提供整合营销传播代理业务为专门职业,接受客户委托,利用一定的技术和设备,专业从事战略咨询、市场调查、公共关系、终端促销、媒体购买、网络营销和事件营销等服务并从中获取利润的专门化行业。

(二)广告产业的定位

长期以来,中国的广告产业被定位于服务行业。在国家统计目录中,广告业作为特种服务业与娱乐、洗浴等行业并列;在《中华人民共和国营业税暂行条例》中,广告业也属于"服务业"的子目,与代理业、旅店业、饮食业、旅游业、仓储业、租赁业税率同为5%;在《营业税税目注释》(试行稿)中,广告业被定义为用图书、报纸、杂志、广播、电视、电影、幻灯、路牌、招贴、橱窗、霓虹灯、灯箱等形式为介绍商品、经营服务项目、文体节目或通告、声明等事项进行宣传和提供相关服务的业务。

而在美国,广告产业是文化产业的一部分,在20世纪60年代配合国家产业结构调整,是作为国家战略产业来重点发展的。当时美国将高能耗、高污染的制造业迅速向后发达国家和地区转移,将包括广告产业在内的文化产业发展提升到国家战略高度,美国的广告业也就是在这个时期确立了世界广告中

---

① 张金海、程明:《广告经营与管理》,高等教育出版社2006年版。
② 张金海、程明:《新编广告学概论》,武汉大学出版社2009年版。

心的地位。

20 世纪 90 年代的英国则将广告产业定位于创意产业。1998 年出台的《英国创意产业路径文件》中明确提出"创意产业（Creative Industry）"这一概念，并将其定义为"源于个人创造力与技能及才华、通过知识产权的生成和取用具有创造财富并增加就业潜力的产业"。根据该定义，将广告、建筑、艺术和文物交易、工艺品、设计、时装、电影、音乐、表演艺术、出版、软件、电视与广播出版等行业为创意产业。广告产业作为智力型产业，属于创意产业的主导产业之一。

2009 年 9 月，我国国务院常务会议审议通过《文化产业振兴规划》，其中明确指出广告产业与文化创意、影视制作、出版发行、印刷复制、演艺娱乐、文化会展、数字内容和动漫等并列为国家重点文化产业，广告被列入了第一梯队的重点文化产业。广告产业属于典型的高级结构的产业主体，即知识技术密集型产业，有高附加值，属于文化产业、创意产业、智能经济的范畴。

广告产业是推动国民经济持续发展的润滑剂，在服务生产、带动相关产业发展、引导消费、推动经济增长和社会文化发展等方面，发挥着十分重要的作用。广告产业的产业定位，应根据国家宏观经济政策适时调整，以符合国家产业发展战略的要求。

（三）广告产业竞争力的核心内涵

广告产业是现代服务业的重点产业，也是文化产业、创意经济的重要组成部分。广告产业的发展对于国家文化发展、国家经济文化安全具有重大意义。

以产业竞争力的分析视角来看，从宏观层面而言，广告产业与国家经济发展呈高度正相关关系，通过扩大内需和刺激消费拉动社会经济发展。从中观层面而言，广告产业是一个产业关联度极高的产业，其前向关联涉及了与之直接相关和间接相关的汽车业、服装业、房地产业、日用品业等各个产业，其后向关联包括了传媒业、影视制作业、后期制作业、会展业等产业。从微观层面而言，广告企业的竞争力取决于自身的知识吸纳和创新能力。

这三个层面为广告产业竞争力研究搭建了分析的框架，也确定了核心内涵，即广告产业竞争力是一国的广告产业比他国的广告产业更有效的向市场提供产品或服务的综合能力,这种能力受到国家经济发展和国家产业结构的影响,与媒体产业和其他相关产业发展程度相关联,体现在产业内企业的知识吸纳能力和创新能力上。

第二节　广告产业竞争力的分析模型

一、产业竞争力分析模型述评[①]

(一)波特的"钻石模型"

波特教授在《国家竞争优势》一书中所提出的"钻石模型"是竞争力分析的经典范式。他认为产业竞争力应该从四项环境因素和两个变数来讨论,四项环境因素是生产要素;需求条件;相关产业和支持产业的表现;企业战略、结构和竞争对手。两个变数是政府和机会。波特认为四项环境因素是关系到一个国家的产业能否成功的关键要素,可以反映一个国家各条件的状态,也可以评估该国如何创造并转化这些力量,成为企业的竞争优势,是分析产业竞争优势必备的工具。机会和政府这两个变数会对四项关键因素产生影响,机会会打破原本的状态,带来新的竞争空间,而政府则与其他关键要素之间存在着错综复杂的互动关系。波特将影响产业竞争力的各因素用"钻石模型"呈现如下:

(二)Dunning 的"国际化钻石模型"

英国学者 John.H.Dunning(1993)意识到经济全球化、国际资本活动和跨国公司的行为对各国经济的发展将会产生越来越重要的影响,会直接或间接地牵涉波特的"钻石模型"中各个关键要素之间的互动。他认为波特的"钻石模型"低估了产品和市场全球化对产业国家竞争力的影响。因此,Dunning 认为跨国公司应当作为第三个外生变量加入到波特的"钻石模型"中。

(三)Rugman 和 Cruz 的"双钻石模型"

Rugman 和 Cruz(1993)在运用波特的"钻石模型"分析加拿大的国家竞争

---

① 参见汪莹:《产业竞争力理论研究述评》,《江淮论坛》2008 年 4 月

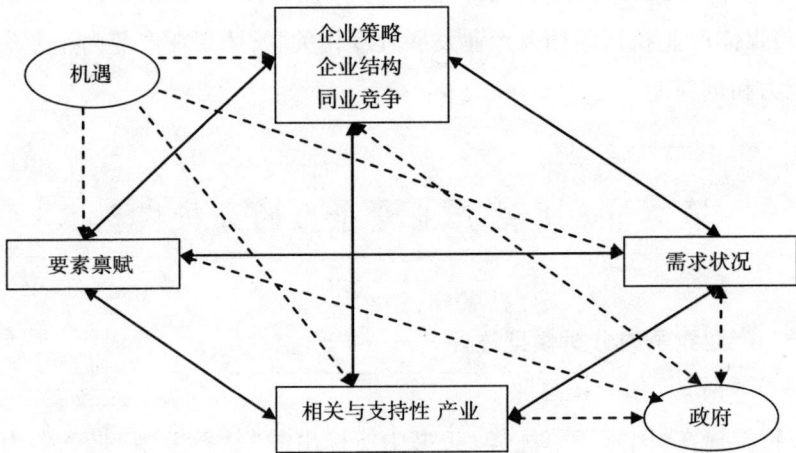

图 1-1 波特的"钻石模型"

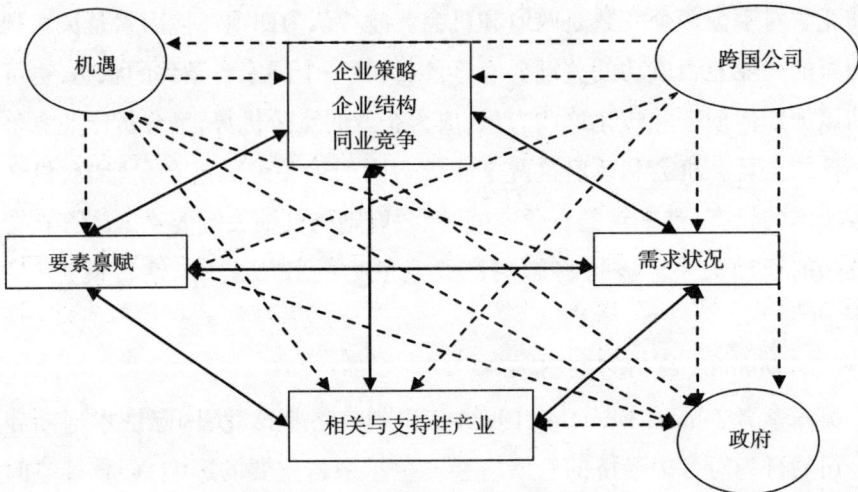

图 1-2 邓宁的"国际化钻石模型"

优势时发现,这个模型对于加拿大这个经济规模小、开放的贸易经济国家并不适用。原因在于加拿大——美国自由贸易协定使得国家边界对发展加拿大产业战略和产业政策的影响越来越小,随着创新和成本的竞争日益激烈,加拿大不再是单独的一个钻石模型,为了能够和美国的领先产业竞争并生存下来,加拿大经营者必须将加拿大的钻石模型和美国的钻石模型联系起来考虑,因而提出了"双钻石模型"。

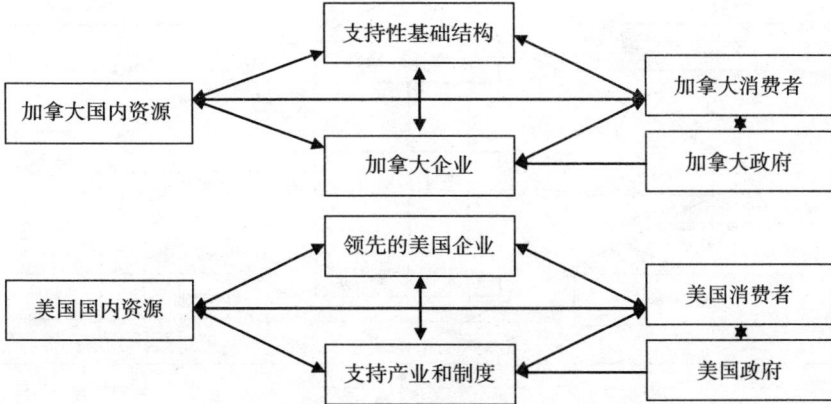

图1-3　鲁格曼和克鲁兹的"双钻石模型"

（四）Dong-Sung Cho 的"九因素模型"

韩国汉城大学教授赵东成（Dong-Sung Cho,1994）结合波特的"钻石模型"考察韩国的产业实际时,发现韩国的现实状况并不具备与波特的"钻石模型"相匹配的国内经济环境,诸如韩国这类欠发达国家或发展中国家而言,还是不得不依靠自身力量不断地去为本国的产业国际竞争力创造条件。在他看来,波特的"钻石模型"更适合用来解释发达国家经济的国际竞争力来源,而针对韩国的现实处境,只有建立一个新的模型才能更好地评估创造欠发达国家国际竞争力的因素,才能说明欠发达国家如何增强其国家优势。

他构建起"九因素模型"来解决这个问题。他将决定产业国际竞争力的要素分为三大类、九个要素。第一类是决定国际竞争力的物理因素,即资源禀赋、商业环境、相关和支持产业、国内需求;第二类是决定产业国际竞争力的人力因素,即工人、政治家和官僚、企业家与职业经理和工程师;最后一类是外部机遇,这是决定产业国际竞争力的第九个因素。

（五）金碚的工业品竞争力因果分析框架

中国社会科学研究院工业经济研究所的金碚（1997,1998）认为波特的分析范式尽管极富启发意义,但对于不同类型国家、不同经济发展阶段,分析范式应随之进行修正。由于金碚的研究尚处于中国对于产业国际竞争力研究的

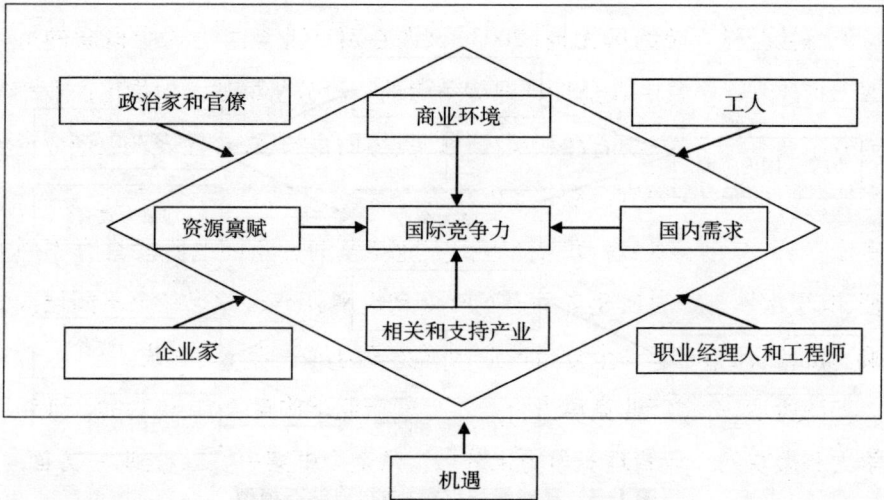

图 1-4　Dong-Sung Cho 的"九因素模型"

初级阶段,他选择工业品的国际竞争力作为研究对象,是基于这个领域的经济分析较易把握,市场占有率和盈利状况的因果关系比较清晰的考虑。他按照影响产业竞争力的直接因素、影响产业竞争力的间接因素、竞争的结果这种因果关系的框架来构建了工业品国际竞争力分析框架。这种分析框架简洁、明晰、全面的揭示了分析产业竞争力的系统思路,体现了竞争结果和原因的统一。

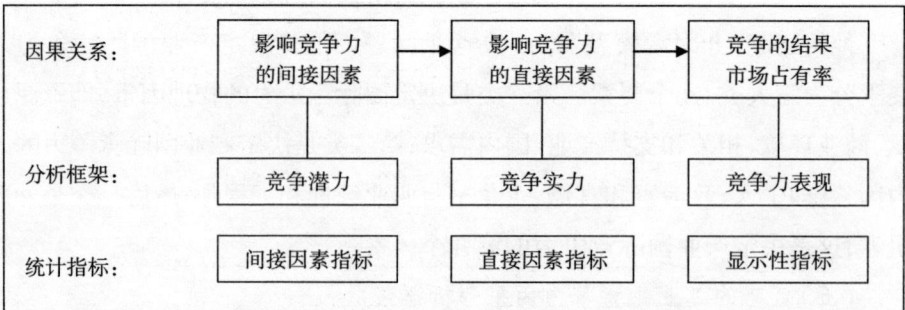

图 1-5　金碚的工业品竞争力因果分析框架

（六）厉无畏的中国产业竞争力一般分析框架

上海社会科学院的厉无畏（2003）试图在对产业竞争力这个概念的整体把握上构建起一个具有普适性产业竞争力的一般分析框架。他指出产业竞争力的概念具有综合性、动态性和层次性。具体而言，其综合性表现在产业竞争力是竞争力的结果（财富的获取）和竞争力途径、手段（竞争优势、产业组织、低廉成本）的综合反映；其动态性是指产业竞争力在不同的阶段具有不同的特征；其层次性则是说产业竞争力同时受到宏观、中观、微观三个不同层次的影响。由此，他构建了一个分析产业国际竞争力的一般分析范式。

如图所示，他将产业竞争力分为宏观的产业结构竞争力、中观的产业组织竞争力和微观的企业管理竞争力来分析。从这个框架中可以看到，一方面，特定的产业系统有区分于其他产业的特质而形成自己的边界，但在其产业外部，也存在着与其他相关产业的各种关联，从而构成宏观的产业结构；另一方面，产业内部呈现出不同企业之间的竞合关系，形成产业竞争力的微观基础。这三个层次都受到外部大环境的影响，包括产业政策、文化力量、体制因素、投入要素的数量和质量等，与整个产业系统之间发生能量、物质、信息的交换，对产业竞争力产生间接影响。

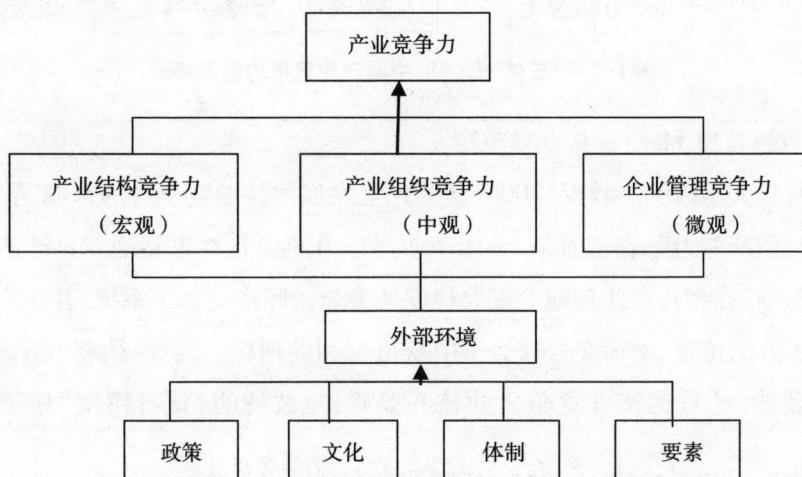

图1-6　厉无畏的中国产业竞争力一般分析框架

（七）赵彦云的"三位一体"的中国产业竞争力钻石模型

中国人民大学竞争力与评价中心的赵彦云（2005）提出用核心竞争力、基础竞争力、环境竞争力来测度我国的国家竞争力，充分考虑到中国这一发展中国家的现实环境，同时也更有利于分析中国参与国际竞争中的优势和劣势。所谓的"三位一体"其实是核心竞争力、基础竞争力、环境竞争力的系统分析，即产业国家竞争力要建立良性的经济运行系统，要考虑到社会经济环境条件和永续发展的内在成长能力。这种分析模式引入了竞争环境、政府管理效率等要素，被认为是对波特的"钻石模型"的中国化修正。

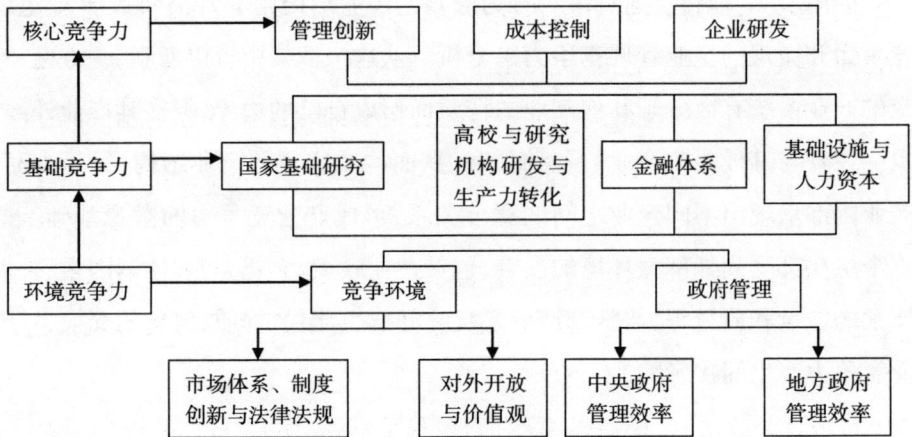

图1-7 "三位一体"的中国产业竞争力钻石模式

（八）芮明杰的"新钻石模型"

复旦大学芮明杰教授（2006）认为产业发展的持续竞争力的来源是"知识吸收与创新能力"，在他看来，中国产业竞争力的提升首先要培养自己的知识吸收与创新能力，在此基础上更大程度地参与国际产业分工系统，并在产业链上谋求好的位置，进而在全球竞争中获得有利的地位。因此，他将"知识吸收与创新能力"作为产业竞争力的核心要素，对波特的"钻石模型"做了一点修改。

波特的"钻石模型"作为经典的产业竞争力分析框架，对后来的研究者产生了重要的影响。Dunning 的"国际化钻石模型"、Rugman 和 Cruz 的"双钻石

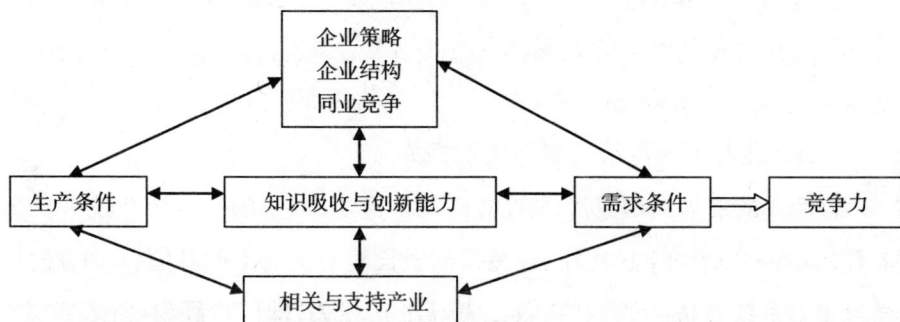

图 1-8　芮明杰的新钻石模型

模型"、Dong-Sung Cho 的"九因素模型"虽然各自对"钻石模型"进行了修正和扩展,但其思维框架还是和"钻石模型"一脉相承的。波特的"钻石模型"第一次为产业竞争力研究提供了系统完整的分析框架,强调了相关产业和支持产业在产业竞争力中的作用,发展了产业集群理论,突出了高级要素在产业竞争力的地位,提供了极富启发性的研究思路。但"钻石模型"夸大了"商业环境"的作用,淡化了知识和创新的力量,突出了国内需求条件,低估了国际需求条件,轻视了政府在产业竞争力中的重要作用,是其理论和框架不可回避的缺憾。

以波特为代表的"钻石模型"系列因其对"商业环境"作用的过分张大,被认为是"外因决定论"。以金碚为代表的中国学者则追根溯源,将目光投向影响产业竞争力的内在因素,并在随后的研究中达成了共识:产业竞争力的来源来自于既相互联系又相互补充的内外两方面,一方面来自于产业内部效率,一方面来自于产业外部环境。从赵彦云的"三位一体"框架可以看到这种"内外因综合论"的嬗变。

二、广告产业竞争力分析模型

产业竞争力分析模型是对一个国家或地区产业竞争力关键因素及其互动关系的整体说明,对不同的国家而言,由于国家经济发展水平不同,市场经济完善程度不一,政府管理思路和方式各异,国家和地区文化区别,使得分析模型中的关键因素有所不同；对于同一国家的不同产业而言，不同产业本身的特质也会反映在产业竞争力的关键因素的区别上。

（一）广告产业的特质

1.广告产业与国家经济发展高度正相关

广告产业的发展与国家经济的增长关系密切，以中国广告产业发展的数据来看，1985—2009 年间中国广告经营额增长率与国内生产总值（GDP）的增长率的相关系数为 0.55，这意味着二者高度正相关，即广告经营额随着 GDP 的增减而发生同向变化。同时也意味着随着 GDP 的增减，广告营业额同向增减的可能性有 55%，或者说中国广告业增长变化的 55%是因为 GDP 增长变化引起的，国民经济发展对广告产业的拉动力约为 50%以上。

表 1-1 　1985—2009 年广告经营总额及其增长率、国内生产总值及其增长率

年份	广告经营总额（万元）	广告经营总额增长率(%)	国内生产总值（亿元）	国内生产总值增长率(%)
1985	60522.53	65.69	7780	12.5
1986	84477.74	39.58	9380	7.8
1987	111200.3	31.63	10920	9.4
1988	160211.9	44.08	13853	11.2
1989	199899.8	24.77	15677	3.9
1990	250172.6	25.15	17400	5.0
1991	350892.6	40.26	19580	7.0
1992	678675.4	93.41	23938	12.8
1993	1340874	97.57	31380	13.4
1994	2002623	49.35	43800	11.8
1995	2732690	36.46	57733	10.2
1996	3666371	34.17	67795	9.7
1997	4619638	26.00	74772	8.8
1998	5378327	16.42	79553	7.8
1999	6220506	15.66	82054	7.1
2000	7126632	14.57	89404	8.0
2001	7948876	11.55	95933	7.3

续表

年份	广告经营总额 （万元）	广告经营总额 增长率(%)	国内生产总值 （亿元）	国内生产总值 增长率(%)
2002	9031464	13.62	102398	8.0
2003	10786800	19.44	116694	9.1
2004	12646000	17.20	136515	9.5
2005	14163487	12.00	182321	10.4
2006	15730000	11.10	209407	11.6
2007	17410000	10.68	246619	11.4
2008	18895600	8.53	300670	9.0
2009	20400000	7.96	335353	8.7

数据来源:《中国广告年鉴1985—2009》,以及国家统计局。

另有两个显著事实也反映出中国广告产业增长与中国经济增长的同步性,进一步显示出二者的高度关联性:其一,1985年和1993年是改革开放30年中国经济增长的两个高峰点,年增长率分别高达25.01%、13.40%。而这两年也恰好是中国广告产业30年发展的两个增长高峰点,年增长率分别为65.75%、97.57%;其二,2008年中国GDP增速呈现出先扬后抑、前高后低的局面,GDP增速出现2002年以来第一个个位数——9.0%。同样,根据国家工商行政管理总局统计处公布的数据,2008年中国广告经营额达1,899.5614亿元,同比2007年增长率为8.53%,中国广告业经营额的增速也在逐步放缓中迎来了恢复发展三十年里第一个个位数。

2.广告产业与其他产业关联度极高

广告产业的发展会对国民经济体系中其他产业产生波及效果,呈现出很强的相关性,是个产业关联度极高的产业。赫希曼在《经济发展的战略》一书中把产业之间按照供给和需求的联系分为前向关联和后向关联。前向联系就是通过供给联系与其他产业部门发生的关联,后向联系就是通过需求联系与其他产业部门发生的联系。从这个定义来看,广告产业的前向关联是包括企业、政府等组织和个人在内的广告主,后向关联是传媒产业、影视制作公司、后期制作公司、会展公司、模特经纪公司等。

按照产业之间的依赖程度,广告产业与其他产业间的联系还可分为直接联系与间接联系。所谓的直接联系是指两个产业部门之间存在直接的提供产品、提供技术的联系。对于广告产业而言,直接联系的产业包括为其提供广告产品的食品业、房地产业、汽车业等,还包括前向关联、后向关联中相连的两个产业。所谓的间接关联是指两个产业部门本身不发生直接的生产技术联系,而是通过其他产业部门的中介才有联系。如广告产业与纺织业、粮食加工业、橡胶制品业之间虽无直接联系,但是它们实际上仍有一定的联系,这种联系是由于服装业、日用品业、食品业等等需要进行纺织业、粮食加工业、橡胶制品业等产业进行加工制造,这样广告产业的发展就会通过上述中介产业部门,最后影响到纺织业、粮食加工业、橡胶制品业等产业的发展。

可见,广告产业除了具有其他产业相同的一般共性,更具有自身独特的个性,即对宏观经济、产业结构、媒介发展程度极大的依附性。广告产业竞争力的研究离不开对宏观经济环境和产业结构的考量,也离不开对媒介发展状况的探讨。

(二)广告产业竞争力的影响因素分析

广告产业的发展对于国家宏观经济环境具有较大依赖性,对包括媒体产业在内的其他相关产业的依存度也较高,这种产业特质使得广告产业竞争力受到如下因素的影响。

1.外部环境

影响广告产业竞争力的外部环境因素主要有三个:宏观经济环境、产业结构和产业政策。广告产业不仅受国家经济发展的影响,同时也与国家产业结构层次有关。考察广告投入较大的行业排名可以看出,和广告产业关联较大的产业主要是房地产、汽车、家电、通讯、日用品、食品、饮料等产业,这些产业主要集中在第三产业,而提供生产资料的第一产业、利用基本的生产资料进行加工并出售的第二产业与广告产业的关联度较低。因此,一个国家产业结构中第一产业、第二产业、第三产业的占比对广告产业的发展具有十分重要的意义。产业政策则是作为政府行为从宏观上对广告产业进行的调节和规制,对于中国这样的后发展国家尤其重要。

2.内部系统

影响广告产业竞争力的内部系统因素主要有四个：相关产业、媒介产业、需求状况、资源要素。广告产业链有三大主体——广告主、广告公司、媒体，以商业和金融业、汽车业、房地产业、服装业、日用品业、食品业为主要构成的广告主的发展和媒体的发展，对处于产业链中间的广告产业竞争力有很大作用。作为广告目标的消费者虽然不参与广告产业链生成，但其对广告的理念、态度和需求，制约了广告效果的显现，也对广告产业竞争力产生直接或间接的影响。资源要素主要指的是知识资源、人力资源、资本资源等广告产业所依赖的生产要素。

3.核心能力

广告产业属于知识密集、人才密集、技术密集的"三密集"型产业，当传统广告产业遭遇数字传播技术的发展和整合营销传播的兴起的挑战时，广告公司业务形态由一元走向多元，广告产业链格局发生了改变，广告产业与其他产业走向融合，这一切已经经历和正在进行的急遽变化，使得广告产业的知识吸纳与创新能力成为其永续发展的核心动力。

4.机遇

机遇往往会对提高产业竞争力起到十分重要的作用，它可能会打破原本的状态，提供新的竞争空间。机遇可能使得原本竞争者的竞争优势顿失，创造新的环境，让能满足新需求的企业崭露头角。

（三）广告产业竞争力分析模型

基于对广告产业竞争力影响因素的分析，可构建广告产业竞争力分析模型如下：

这个分析模型的构建是在充分考虑广告产业自身特质和产业内外因素兼顾的基础上提出的，体现了影响广告产业竞争力的四大因素：外部环境、内部系统、核心能力、机遇。影响广告产业竞争力的外部环境有宏观经济环境、产业结构、产业政策；影响广告产业竞争力的内部系统因素包括媒介产业发展状况、其他相关产业发展状况、需求状况、资源要素；影响广告产业竞争力的核心能力主要是产业自身的知识吸纳和创新能力；而机遇对提高产业竞争力往往

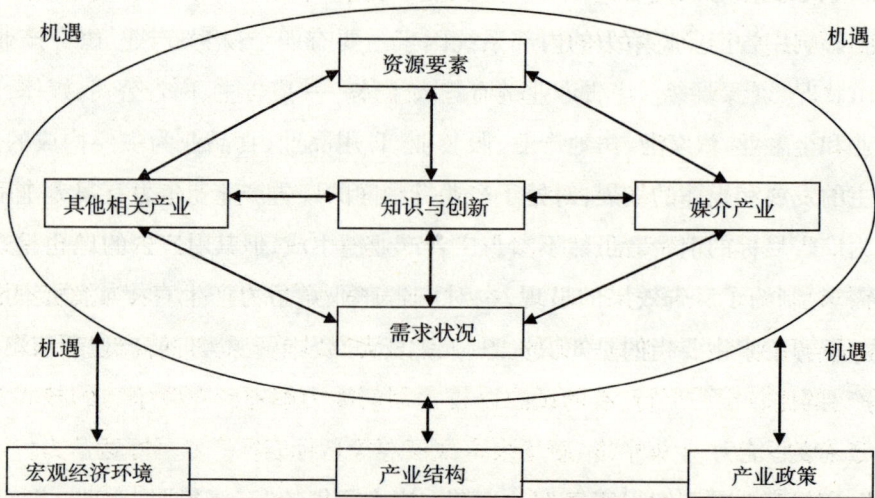

图 1-9　广告产业竞争力分析模型

起着重要作用,是一个外围的偶变因素。

第三节　广告产业竞争力的评价指标体系

一、产业竞争力评价指标体系述评

产业竞争力评价指标体系经历了从以竞争结果为标准到以竞争力决定因素为基础,从单项指标到综合指标体系的演变过程。

(一)以竞争结果为基础的评价指标

由于经济国际化和一体化进程的加剧,某一产业的竞争力可以用竞争结果,即其产品在国际上的进出口份额来衡量。因此,早期的学者一般采用进出口份额作为评价指标,用不同的公式计算产业产品进出口值的比例关系,以此确定产业竞争力的大小。主要评价指标包括:显示性比较优势指数(RCA)、净出口指数(TC)、国际市场占有率(MS)、产业内贸易指数(IIT)、相对出口绩效(REP)、劳埃德——格鲁贝尔指数等。这种以竞争的结果对不同国家的产业竞争力进行评价的方法,由于指标的可比性问题而影响了比较的科学性和准确性,受到后来研究者的质疑。产业竞争力转向以产业竞争力决定因素为基础进行评价指标体系的构建。

(二)以竞争力决定因素为基础的评价指标

1.单一指标测度法

国内外学者尝试从产业竞争力的决定因素入手建立指标来测度产业竞争力。由于研究者所侧重的产业不同,对产业竞争力的决定因素的归纳也呈现出多样性。有的认为"生产率"是决定产业竞争力的关键,有的认为投资利润率最适合用来考量产业竞争力的大小,有的认为以单位成本的高低进行国际竞争力的比较更为可行,有的试图以技术创新能力解释产业竞争力的核心关键,还有的采取产业集中度、新增投资规模等等指标表征产业国际竞争力。这些指标的确定在可比性、准确率上均存在很大争议。

2.综合指标体系测度法

运用单一指标测度产业竞争力往往使得分析陷入"只见树木不见森林"的困境,为了全面反映产业的竞争力,综合指标体系测度法往往更有说服力。综合指标体系评价法是将影响产业竞争力的各种因素综合起来进行评价,一般先采用各种方法确定各指标的权重,再以加权求和的方法计算产业竞争力总指数。对于权重的确定主要有主观权重法、层次分析法、主成分分析法、因子分析法,也可以采用等权重处理的方法。

国内外学者从不同视角各自提出了不同的竞争力评价方法和指标体系,其中最有代表性的是世界经济论坛(WEF)和瑞士洛桑国际管理学院(IMD)所采取的评价不同国家和地区的国际竞争力的综合指标体系。

瑞士洛桑国际管理学院(IMD)将国家竞争力定义为国家创造一个使企业有竞争力环境的能力。因此,其国家竞争力评价体系也是建立在对竞争力环境监测的基础上。IMD设置了考察国家竞争环境的四个指标:本地化与全球化、吸引力与渗透力、资源与工艺过程、个人冒险精神与社会协调发展。在这四个指标下又设立了八个要素:国内经济、国际化程度、政府政策和运行、金融环境、基础设施、企业管理、科学技术和国民素质,八个要素下又包括若干子要素。2000年确定了共47个子要素,根据子要素的内容设计了290个评价指标(其中180个指标来自机构的统计数据,110个指标来自问卷调查)来进行定量研究。

较之IMD静态的测评,世界经济论坛(WEF)的国家竞争力评价体系更具动态性。1996年WEF在《全球竞争力报告》中将国家竞争力定义为一国或地区保持人均国内生产总值较高增长的能力,设计了三个国际竞争力指数:国际竞争力综合指数、经济增长指数、市场增长指数。1998年根据波特竞争力理论,增加了微观经济竞争力指数。2000年将国家竞争力定义为获得中长期经济增长的能力,指标体系调整为:经济增长能力、当前经济发展的能力、经济创造力、环境管理制度竞争力。其评价体系主要由八大要素构成:国际贸易和国际金融的开放程度、政府预算、税收和管理、金融市场发展、基础设施、科学与技术、企业组织、企业管理、劳动力市场及流动性、法规和政治体制。

WEF和IMD的综合指标体系因其综合性、科学性和适应性,成为目前国际上最具权威性的产业国际竞争力评价体系。但由于WEF和IMD的指标体系主要是针对国家层面设计的,对具体产业层面国家竞争力的评价不太适用,国内外研究产业竞争力的学者纷纷就具体的产业提出了各自的指标体系。以目前情况来看,还未能就某一产业形成一致认可的指标体系。

二、广告产业竞争力评价指标体系建构原则

(一)针对性

针对性有两层含义,第一层是指竞争力评价指标体系的建构要针对具体的产业设计,要符合特定产业的经济特征。第二层是指竞争力评价指标体系的建构要针对不同的研究目的而设计。广告产业作为知识密集、人才密集、技术密集的"三密集"型产业,有其自身的产业特点,产业竞争力指标体系的设计不能照搬目前研究成果较多的制造业的竞争力指标体系,甚至也不能雷同于文化产业的竞争力指标体系,应该针对广告产业国家竞争力的研究目的,设立综合性的评价指标体系。

(二)综合性

产业竞争力不是单一指标能够完全衡量的,其内涵非常丰富和复杂,评价

产业竞争力的指标体系应该既体现竞争结果,也体现竞争决定因素,既反映产业的现实实力,也反映产业的未来潜力,既包括可以量化的数据,也包括定性的分析。只有尽可能全面、综合、系统的构建广告产业竞争力指标体系,才可能达到评价结果的科学、可信。

（三）可操作性

尽管在构建广告产业竞争力评价指标中涉及的因素越多,越能完整全面地反映产业竞争力的现实状况,但在实际操作中却存在着诸多困难。一方面,广告产业竞争力的国际比较需要全球广告产业的数据做支撑,难以保证所有因素指标的数据都能获取;另一方面,综合评价体系指标中既包括定量指标,也包括定性指标,定性指标的量化一般采取专家评价后再进行统计处理,这是一般研究人员难以组织和获取的。因此,在指标体系的设计中也应考虑可操作性。

三、广告产业竞争力的评价指标体系

根据广告产业竞争力的内涵和竞争力系统层次,按照针对性、综合性、可操作性的原则,可将广告产业竞争力以三大模块进行评价——环境竞争力、基础竞争力、自身竞争力。在这 3 大模块下发展出了 5 大要素(宏观环境、资源要素、相关产业发展、需求状况、竞争实力)、19 个竞争面、73 个竞争力评价指标,构成全面反映广告产业竞争力的综合评价指标体系。

环境竞争力

产业环境是产业生存和发展的依托,对产业自身竞争力的实现和基础竞争力的培育均具有重要的影响。环境竞争力包括多方面内容,这里主要指国家层面的宏观环境,包含三个要素:国家经济发展水平、国家经济结构、产业政策。

基础竞争力

基础竞争力是包括资源要素竞争力、相关产业竞争力、需求状况竞争力在内的竞争能力的综合。资源要素竞争力、相关产业竞争力、需求状况竞争力是广告产业竞争力的基础,为广告产业竞争力的形成直接提供永续发展的动力。

资源要素竞争力反映人力资源、知识资源、资本资源、媒体资源、客户资源等方面的竞争实力。相关产业竞争力反映与广告产业直接前向关联的食品业、房地产业、汽车业、日用品业、服装业、商业和与广告产业直接后向关联的媒体业等方面的竞争实力。需求状况竞争力反映的是以第三产业为主的广告主和消费者对广告产业的需求为指标的竞争实力。

核心竞争力

核心竞争力是广告产业竞争力评价的中心环节,直接体现各国广告产业的竞争实力。这个模块包括产业规模、产业结构、产业效益、企业策略四大要素。

该评价指标体系的设定,有以下几个方面的考虑:一是为求计算结果尽量接近现实,在评价指标的选取上刻意忽略了指标数量的庞杂可能带来的后续操作的不利,主要是考虑到平衡数据的误差,尽量获得更接近真实的评价结果;二是评价指标的选择兼顾了量化数据和定性分析,这也是考虑到产业竞争力内涵的丰富性和复杂性,为了尽量达到评价结果的科学、可信;三是评价方面和评价指标的确定,根据全球广告产业现实状况和可获取的数据进行了调整和平衡,或对某些方面或指标稍有争议,但也已经是在可达到的现实上尽可能的进行了处理。

广告产业竞争力评价指标体系可分为定量指标和定性指标两类,定量指标尽量选取国外权威机构发布的统计数据,主要来源于世界银行 WDI 数据库、联合国统计司、联合国贸易和发展会议 FDI 数据库、世界证券交易联盟、联合国教科文组织和中国国家统计局的《国际统计年鉴》和《中国广告年鉴》、世

表 1-2　广告产业竞争力评价指标体系

模块	要素	方面	评价指标	备注
环境竞争力	宏观环境	1.1 国家经济发展水平	1.1.1 人均 GDP	
			1.1.2 人均 GDP 增长率	
		1.2 国家经济结构	1.2.1 第三产业占 GDP 的比重(%)	
			1.2.2 制造业占 GDP 的比重(%)	
		1.3 产业政策	1.3.1 广告产业政策的法律健全性	调查
			1.3.2 广告产业政策的科学性	调查

续表

模块	要素	方面	评价指标	备注
基础竞争力	资源要素	2.1 人力资源	2.1.1 城市人口比重(%)	
			2.1.2 高等教育劳动力比率(%)	
			2.1.3 人文发展指数(HDI)	
			2.1.4 第三产业就业率(%)	
		2.2 知识资源	2.2.1 每百万人中研究人员数	
			2.2.2 科技刊物论文的发表数量	
			2.2.3 研发经费占 GDP 的比重(%)	
			2.2.4 知识产权的保护得分	
		2.3 资本资源	2.3.1 上市公司总市值占 GDP 比重	
			2.3.2 国内上市公司数量	
			2.3.3 股票市场资本总额(百万美元)	
			2.3.4 当地资本市场融资能力得分	
			2.3.5 获得贷款的容易性得分	
			2.3.6 风险投资的可获得性得分	
			2.3.7 金融市场成熟度得分	
		2.4 媒体资源	2.4.1 移动电话(部/千人)	
			2.4.2 国际互联网用户(个/千人)	
			2.4.3 人均国际互联网带宽(比特/人)	
			2.4.4 日报拥有量(份/千人)	
			2.4.5 电视拥有量(%)	
		2.5 客户资源	2.5.1 国内企业进入世界 500 强的比重(%)	
			2.5.2 进入 500 强企业的平均营业额(亿美元)	
			2.5.3 自有品牌的市场占有率(%)	
			2.5.4 进入 500 强企业的平均利润额(亿美元)	
	相关产业发展	3.1 汽车业发展水平	3.1.1 汽车保有量(辆/千人)	
			3.1.2 汽车生产量	
			3.1.3 汽车销售量	
		3.2 食品业发展水平	3.2.1 食品饮料占制造业的比重(%)	
			3.2.2 食品产品年销售收入(百万美元)	
		3.3 服装业发展水平	3.3.1 纺织服装占制造业的比重(%)	
			3.3.2 纺织服装产品年销售收入(百万美元)	
		3.4 零售业发展水平	3.4.1 国内零售企业进入全球 250 强比率(%)	
			3.4.2 零售业销售总额(百万美元)	
			3.4.3 批发贸易机动车及个人用品销售额(亿美元)	

模块	要素	方面	评价指标	备注
基础竞争力	相关产业发展	3.5 媒体业发展水平	3.5.1 信息化程度得分(排名)	
			3.5.2 人均信息通讯支出(美元)	
			3.5.3 信息通讯技术支出占 GDP 的比重(%)	
			3.5.4 媒体业年营业收入(百万美元)	
			3.5.5 出版业年营业收入(百万美元)	
			3.5.6 广电业年营业收入(百万美元)	
			3.5.7 电影娱乐业年营业收入(百万美元)	
			3.5.8 文化产业竞争力得分	
	需求状况	4.1 消费者	4.1.1 人均国民总收入 GNI(美元)	
			4.1.2 人均住户最终消费支出(美元)	
			4.1.3 消费者的广告素养	调查
		4.2 广告主	4.2.1 本地企业数量得分	
			4.2.2 本地企业质量得分	
			4.2.3 国内市场规模得分	
			4.2.4 国外市场规模得分	
			4.2.5 广告主的成熟度	调查
核心竞争力	竞争实力	5.1 产业规模	5.1.1 广告产业营业额占 GDP 的比重(%)	
			5.1.2 广告产业增加值(亿美元)	
			5.1.3 广告产业增加值占全球广告产业的比率(%)	
			5.1.4 广告产业增加值占第三产业 GDP 的比重(%)	
		5.2 产业结构	5.2.1 广告产业集中度	调查
			5.2.2 FDI 营业额占总营业额的比重(%)	调查
		5.3 产业效益	5.3.1 每名雇员创造营业收入(美元/人)	
			5.3.2 每名雇员创造利润(美元/人)	
			5.3.3 资产回报率(%)	
			5.3.4 资产负债率(%)	
		5.4 企业策略	5.4.1 企业经营环境	排名
			5.4.2 广告企业的品牌知名度	调查
			5.4.3 广告产业的创造性	调查
			5.4.4 广告企业的市场规范程度	调查
			5.4.5 广告创作、经营人才的总体素质	调查
			5.4.6 广告企业的管理水平	调查
			5.4.7 广告作品在国际上的影响力	调查

界经济论坛的《全球竞争力报告》、瑞士国际管理发展学院出版的《国际竞争力年鉴》等,在数据的采集中,注意保持数据来源和数据时间上的一致性,以保证数据之间的可比性;定性指标主要采取问卷调查法,针对广告业内人士发布调查问卷并计算结果(见附表1、附表2),在评价指标的权重确定上则采取专家赋权法,通过给广告学界知名专家发放《广告产业竞争力评价指标体系专家赋权表》(见附表3)取得原始数据。通过定量指标和定性指标相结合的方法,力求全面、客观、准确的进行各国广告产业竞争力状况的评价和比较。

四、广告产业竞争力评价的计量模型

(一)计算评价指标竞争力指数

由于社会经济指标数据大多带有不同的量纲(计量单位),所以需要通过无量纲化并转换成相应的竞争力指数。由于无量纲化的方法较多,原则上要求根据数学模型的要求,按照客观性、简易性和可行性原则进行有选择转换。所以根据本研究相关数据来源和特性选取了以下变换方法:

1.极差变换

正向指标计算公式为:

$$Y_i = \frac{X_i - X_{\min}}{X_{\max} - X_{\min}}$$

逆向指标计算公式为:

$$Y_i = \frac{X_{\max} - X_i}{X_{\max} - X_{\min}}$$

其中:X_i表示第i个国家的原始数据,Y_i表示经转换形成的第i个国家评价指标竞争力指数数据,X_{max}表示原始数据中所有样本中的最大值,X_{min}表示原始数据中所有样本中的最小值,变换后的数据有统一的量纲,其最大值为1,最小值为0,所有数据在0—1之间变动,几何意义是把坐标原点移动到最小(大)值,其变量间的相关程度不变。

2.初值化变换

正向指标计算公式为:

$$Y_i = \frac{X_i}{X_{max}}$$

逆向指标计算公式为：

$$Y_i = \frac{X_{min}}{X_i}$$

其中：X_i 表示第 i 个国家原始数据，Y_i 表示经转换形成的第 i 个国家评价指标竞争力指数数据，X_{max} 表示原始数据中所有样本中的最大值，X_{min} 表示原始数据中所有样本中的最小值，变换后的数据有统一的量纲，其最大值为 1，最小值为 0，所有数据在 0—1 之间变动，各数值均为初值的倍数，便于分析案例之间的强弱关系。本研究用此变换于主观指标数据的转换。

3.排名位次百分比转换

计算公式为：

$$Y_i = 1 - \frac{N_i}{N}$$

N_i 表示第 i 个国家的原始排名位次，Y_i 表示转换形成的第 i 个国家的竞争力指数，N 表示参评对象的个数。变换后所有数据在 0—1 之间变动。

（二）计算广告产业竞争力方面竞争力指数

计算公式为：

$$D_{imjk} = \sum_{p=1}^{n} W_p Y_{imjkp}$$

式中，D_{imjk} 表示广告产业竞争力评价指标体系中第 i 个国家第 m 个模块第 j 个要素第 k 个方面的小类指数；Y_{imjkp} 表示评价指标体系中第 i 个国家第 m 个模块第 j 个要素第 k 个方面第 p 个评价指标指数；W_p 表示第 p 个评价指标在竞争力方面中所占权重。

（三）计算广告产业竞争力要素指数

计算公式为：

$$C_{imj} = \sum_{k=1}^{N} W_k D_{imjk}$$

式中，C_{imj} 表示广告产业竞争力评价指标体系中第 i 个国家第 m 个模块第

j 个要素的中类指数；D_{imjk} 表示广告产业竞争力评价指标体系中第 i 个国家第 m 个模块第 j 个要素第 k 个方面的小类指数；W_k 表示第 k 个竞争力方面指数在所对应的竞争力要素中所占权重。

（四）计算广告产业竞争力模块指数

计算公式为：

$$B_{im} = \sum_{j=1}^{l} W_j C_{imj}$$

式中，B_{im} 表示广告产业竞争力评价指标体系中第 i 个国家第 m 个模块的大类指数；C_{imj} 表示广告产业竞争力评价指标体系中第 i 个国家第 m 个模块第 j 个要素的中类指数；W_j 表示第 j 个竞争力方面指数在所对应的竞争力要素中所占权重。

（五）计算广告产业竞争力总指数

计算公式为：

$$A_i = \sum_{m=1}^{L} W_m B_{im}$$

式中，A_i 表示第 i 个国家的广告产业竞争力总指数；B_{im} 表示广告产业竞争力评价指标体系中第 i 个国家第 m 个模块的大类指数；W_m 表示第 m 个模块所对应的权重。

需要说明的是，在本研究中，对广告产业竞争力整体性进行多级综合评价时，各级指数的权重是根据多位专家调查问卷所给出的权重求出平均数后归一化所得到的。

第二章　国际广告产业竞争力分析

第一节　全球广告产业发展概况

一、全球广告市场发展的基本状况

DATAMONITOR① 将全球广告市场划分为北美、南美、西欧、东欧、亚太四大块,北美包括加拿大、墨西哥、美国;南美包括阿根廷、巴西、智利、哥伦比亚、委内瑞拉;西欧包括比利时、丹麦、法国、德国、意大利、荷兰、挪威、西班牙、瑞典、英国;东欧包括捷克共和国、匈牙利、波兰、罗马尼亚、俄罗斯、乌克兰;亚太包括澳大利亚、中国、印度、日本、新加坡、韩国。

从近几年的数据来看,广告产业在经历了 2007 年的强劲增长后,到 2008 年有轻微的下跌,再到 2009 年全球广告市场下跌了 6%,反映出全球广告产业受到美国次贷危机引发的全球性金融危机的负面影响,有增速放缓的趋势。

表 2-1　2005—2009 年全球广告产业总值②　　　（十亿美元）

年份	美元（十亿）	增长率
2005	97.1	
2006	99.0	2.0%

---

① DATAMONITOR 是一家国际知名的信息服务公司,为全球 5000 多家一流公司提供市场分析及商务信息,跨越汽车业、金融业、医药业、消费品市场、传媒业、能源业以及科技界等不同领域。

② 数据来源于 2010 年 7 月的 DATAMONITOR 的调查报告《INDUSTRY PROFILE:Global Advertising》,广告产业价值指的是广告代理机构提供服务的净手续费和佣金收入,不等于该国家或地区的广告支出总和。

年份	美元（十亿）	增长率
2007	105.0	6.1%
2008	104.3	-0.7%
2009	98	-0.6%
复合年均增长率（CAGR）		0.2%

2005—2009 年间，全球广告产业产值为 980 亿美元，复合年均增长率是 0.2%，其中欧洲广告产业实现了 245 亿美元的总创收，复合年均增长率为 -0.7%，亚太广告产业产值为 185 亿美元，复合年均增长率为 2%。即使在全球金融危机的冲击下，亚太广告产业也保持了较好的增长势头。

就 2009 年的统计数据来看，美洲仍然是最大的广告市场，占据了市场份额的 56.2%，欧洲占据了 25.0% 的市场份额，亚太占据了 18.8% 的市场份额。

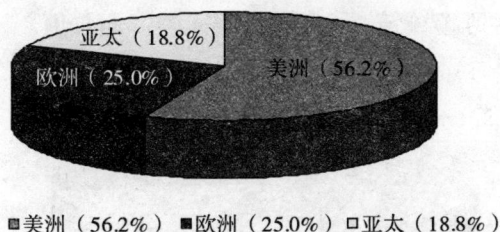

■美洲（56.2%）　■欧洲（25.0%）　□亚太（18.8%）

图 2-1　2009 年全球广告产业地理构成①

美国在 2009 年以 337 亿美元的总产值继续维持着美洲乃至全球的独大地位，在全球广告市场中占据了 34.5% 的份额，在美洲广告市场占据了 61.39% 的份额。受美国次贷危机引发的金融危机的影响，美国广告产业的总产值在 2008 年下降了 3.0%，在 2009 年下降了 9.9%，导致 2005—2009 年间的复合年均增长率只有 1.6%。但是随着经济的好转，美国广告产业将会强劲复苏，预计在 2014 年达到 462 亿美元的总产值，实现 2009 年以来 37% 的

---

① 数据来源于 2010 年 7 月的 DATAMONITOR 的调查报告 *INDUSTRY PROFILE：Global Advertising*。

增长。

欧洲的广告产业自 2007 年 9.5% 的强劲增长后,受金融危机影响,2008 年下降了 0.6%,2009 年下降了 5.3%,2005—2009 年的复合年增长率也下降了 0.7%,处于负增长状态。英国和德国是欧洲广告市场最重要、最值得关注的两个国家,英国在 2005—2009 年间年复合增长率为-2.3%,主要源于金融危机导致的 2008 年-2.4% 和 2009 年-11.8% 的负增长,2009 年的英国以 34 亿美元的总产值占整个欧洲 13.9% 的市场份额,在欧洲广告市场排名第一。德国的广告产业在金融危机冲击下也有一定的衰退,2005—2009 年间年复合增长率为-0.7%,2008 年和 2009 年广告产业收入分别下降了 0.5% 和 6.0%,2009 年德国以 33 亿美元的总产值占整个欧洲 13.4% 的市场份额,在欧洲广告市场排名第二。预计欧洲广告产业将在 2010 年以后以较为平缓的态势逐步回暖。预计在 2009—2014 年间欧洲广告市场将以 1.9% 的年复合增长率,达到 269 亿美元的总产值。其中德国和英国的预期将以 2.2% 和 4.8% 的年复合增长率分别达到 37 亿美元和 43 亿美元的产业总值。

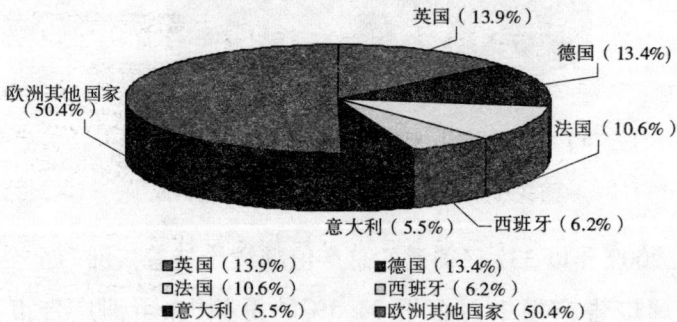

图 2-2　2009 年欧洲广告产业地理构成

亚太广告市场在 2005—2009 年间复合年增长率为 2%,受全球金融危机影响,2008 年亚太广告产业总值只增加了 1.5%,2009 年下降了 2.1% 略有衰退。中国 2005—2009 年间复合年增长率为 9.5%,并在 2009 年实现了 70 亿美元的收入,占亚太 37.8% 的市场份额,超过了日本成为亚太广告市场第一大国。日本在 2005—2009 年间均呈现出负增长态势,在 2009 年甚至达到了

14.2%的降幅,复合年增长率为-6.4%,2009 年以 64 亿美元的收入,34.9%的亚太市场占有率居第二位。值得关注的是印度的广告产业,在 2005—2009 年间以 13.6%的高速增长,在 2009 年实现了 24 亿美元的广告收入,预计在下一个五年仍会保持两位数的高速增长。预计在 2009—2014 年间将以 9.1%的复合年增长率,在 2014 年实现 286 亿美元的产业总值。其中,预计中国和印度将会以 12.8%和 16.5%的复合年增长率分别在 2014 年达到 127 亿美元和 51 亿美元的产业总值。而日本的预期复合年增长率只有 0.8%,在 2014 年将达到 67 亿美元的产业总值。

可见,宏观经济环境对广告产业有很重要的影响,美国次贷危机引发的全球金融危机,使得美国、欧洲和日本的经济深受重创,也使得广告产业受到不同程度的影响。而诸如中国、印度这样的新兴发展国家受到的冲击较小,广告产业仍然保持着较好的发展势头。

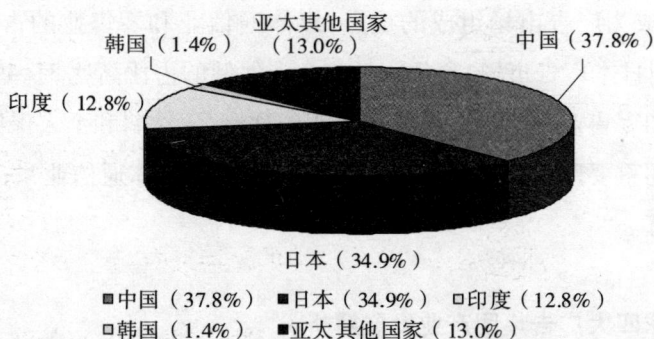

图 2-3　2009 年亚太广告产业地理构成

2009 年,食品、饮料和个人保健广告是全球广告产业的最大组成部分,总收入达 230 亿美元,占产业总产值的 23.5%,零售业广告总收入为 130 亿美元,占广告产业总价值的 13.3%。

但在不同的区域和不同的国家,广告产业的行业构成也有些许的不同。如在美国,食品饮料和个人保健、零售业、媒体通信业是广告产业行业构成的排名前三位。在欧洲,虽然广告产业的行业构成主体和美国相同,但媒体通信业跃居零售业之前,排名第二。具体到德国,媒体通信业在广告产业行业构成

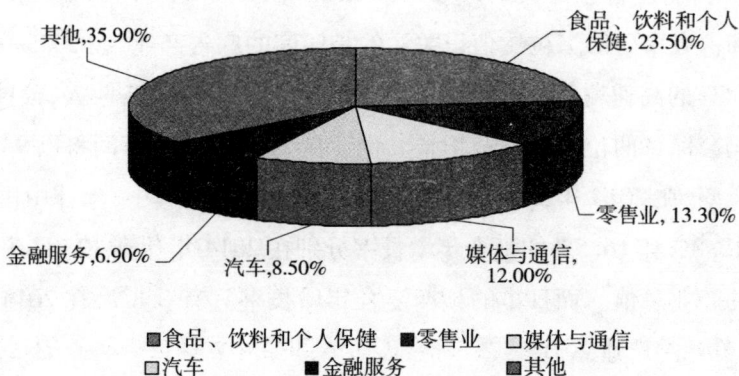

其他,35.90%

食品、饮料和个人保健, 23.50%

零售业, 13.30%

媒体与通信, 12.00%

汽车,8.50%

金融服务,6.90%

■食品、饮料和个人保健　■零售业　□媒体与通信
□汽车　　　　　　　　　　■金融服务　■其他

图 2-4　2009 年全球广告产业行业构成①

中排名第一,超过了食品业、汽车业和零售业;在英国,汽车业则成为食品饮料和个人保健之后,零售业之前的第二排名,媒体通信业反而只占 7.9% 的比例排名第五。在亚太广告市场,食品饮料和个人保健以远远高于其他行业的 27% 的比例,成为广告市场组成的重点,媒体通信业和零售业的占比都不足 10%。具体到日本广告市场,食品饮料和个人保健的占比高达 31.4%,其次是媒体通信业和零售业;在中国,金融服务业位列食品、饮料和个人保健之后,成为第二顺位的重要广告市场构成,零售业位列第三,媒体通信业只占 3.8% 的比例排名第五。

二、全球四大广告集团产业发展解析②

大多数国家的广告市场被"四大"广告集团所占领,这四大广告集团分别是奥姆尼康(Omnicom)集团、WPP 集团、IPG(Interpublic)集团和阳狮(Publicis)集团。这四大集团大约占据了全球广告市场 40% 的份额。

(一)Omnicom 奥姆尼康集团

位于美国纽约麦迪逊大街 437 号的奥姆尼康集团(纽约证交所+代码:

---

① 数据来源于 2010 年 7 月的 DATAMONITOR 的调查报告 *INDUSTRY PROFILE*:*Global Advertising*。

② 参见 DATAMONITOR(2010).*Advertising Industry Profile*:*Global.*Business Source Complete, Jul.2010。

OMC)是一家全球性的广告、营销和组织传播的机构,集团拥有遍布美洲、欧洲、中东、非洲、亚洲和澳洲的全球网络和下属的众多子公司。整个集团由美国纽约的报告总部来组织和运作,下辖的各代理公司为全球主要市场提供多种服务,主要可以分为四大基本类别:传统媒体广告、顾客关系管理(CRM)、公共关系和专业传播。

奥姆尼康旗下的全球性广告公司包括 BBDO,DDB 和 TBWA,BBDO 为全球 79 个国家提供广告和营销服务;DDB 在全球 90 个国家都有广告和营销服务网络;TBWA 包括 258 家提供综合的广告和品牌营销策略服务的代理公司。奥姆尼康还拥有众多表现稳健的美国本土广告公司,如 Arnell、Element 79、Goodby、Silverstein & Partners、GSD&M Idea City、Martin/Williams、Merkley + Partners 和 Zimmerman 等。奥姆尼康的媒体集团由 OMD、PHD、Prometheus 三个综合服务型的媒体公司和一些诸如 Novus 和 Icon International 等专业的媒体公司组成。

奥姆尼康集团的顾客关系管理、公共关系和专业传播等业务都是通过 DAS 公司来运作的。其客户关系管理包括体育营销、事件营销、品牌策划、直销、促销、区域营销、非盈利营销和娱乐营销等。DAS 还拥有全球七大公关公司中的三个,包括福莱 Fleishman-Hillard、凯旋 Ketchum 和 Porter Novelli,以及 Brodeur、Clark & Weinstock、Gavin Anderson & Company 和 Cone 等专门领域的公关公司。DAS 拥有全球最有影响的健康传播业务,旗下有 6 家健康传播公司,在亚洲以 Targis 公司为其代表。DAS 还拥有从事招聘传播服务的 Bernard Hodes 集团,以及企业和金融广告公司 Doremus。

2009 年奥姆尼康集团的总收入为 117.207 亿美元,比 2008 年下降了 12.3%,净收入为 8.714 亿美元,比 2008 年下降了 12.9%。

表 2-2　2009 年奥姆尼康集团财务状况

项目	2005	2006	2007	2008	2009
收入(百万美元)	10481.1	11376.9	12694.0	13359.9	11720.7
收入增长率(%)	7.5%	8.5%	11.6%	5.2%	-12.3%

续表

项目	2005	2006	2007	2008	2009
净收入(百万美元)	790.7	864.0	975.7	1000.3	871.4
利润率(%)	7.5%	7.6%	7.7%	7.5%	7.4%
资产总额(百万美元)	15919.9	17804.7	19271.7	17318.4	17920.7
资产增长率(%)	-0.5%	11.8%	8.2%	-10.1%	3.5%
资产回报率(%)	5%	5.1%	5.3%	5.5%	4.9%
负债总额(百万美元)	11971.9	13933.4	15180.0	13795.6	13467.9
负债增长率(%)	0.4%	16.4%	8.9%	-9.1%	-2.4%
债务比率①(%)	75.2%	78.3%	78.8%	79.7%	75.2%
雇员总数(人)	62000	66000	70000	68000	63000
雇员人均创收(美元)	169050	172377	181343	196469	186043
雇员人均利润(美元)	12753	13091	13939	14710	13832

（二）WPP 集团

WPP 集团（纳斯达克 NASDAQ 证交所+代码：WPPGY）是世界上最大的传播集团之一，其总部位于爱尔兰都柏林，目前在北美洲、南美洲、欧洲、中东、非洲、亚太的 107 个国家拥有 2400 多个分支机构，雇员超过 14 万人，旗下包括智威汤逊 JWT、奥美 Ogilvy & Mather、精信 Grey、扬特 The Brand Union、扬·罗毕凯广告、扬雅 Young & Rubicam、传立媒体 MindShare、迈势媒体 Maxus、竞力媒体 MediaCom、群邑媒介集团 GroupM、伟达公关 Hill & Knowlton、凯维公关 Cohn & Wolfe、朗涛策略设计 Landor Associates、博雅公关、明略行 Millward Brown、CommonHealth、GCI Health、ghg、Sudler & Hennessey、United Network 等。

WPP 集团的业务主要可分为四大板块。第一个板块是广告与媒体投资管理；第二个板块是品牌、健康与其他专业传播；第三个板块是信息、调查和咨询；第四个板块是公共关系与公共事务。每一个板块都下辖数家公司，这些公司彼此独立运作。

---

① 债务比率=负债总额/资产总额。

WPP 集团的广告与媒介投资管理板块分为广告和媒介投资管理两个方向,广告方向主要致力于为营销和品牌战略提供计划和创意,并为电视、广播、杂志、报纸、户外媒体设计广告。集团的广告代理公司有:智威汤逊 JWT、奥美 Ogilvy & Mather、精信 Grey、扬雅 Young & Rubicam、United Network 和达彼思 Bates 141。同时它还掌握着 24% 的日本电通 Asatsu-DK、19.3% 的 Chime Communications、33.5% 的 High Co S.A. 和 20% 的韩国传讯 GIIR 的股份。媒介投资管理方向由群邑媒介集团 GroupM 来运作,下辖子公司有传立媒体 MindShare、迈势媒体 Maxus、竞力媒体 MediaCom 和尚扬媒体 Mediaedge:cia。群邑媒介集团提供商业科学、消费者调研、媒体计划与实施、内容开发、互动传播、体育和娱乐营销、事件营销等服务。

WPP 集团的品牌、健康与其他专业传播板块包括品牌识别、健康传播、直销、促销、互动营销和其他专业营销。品牌识别方向的 B to D Group 下辖扬雅所属的朗涛策略设计 Landor Associates 和 The Partners、扬特 The Brand Union、VBAT、Lambie-Nairn、Addison Corporate Marketing 和 Fitch。另外还包括专注于商业建筑和室内设计的 BDG McColl 公司和专注于工作环境策划设计的 BDG-workfutures 国际设计咨询公司。医疗传播方向包括 CommonHealth、扬雅所属的 Sudler & Hennessey、奥美所属的 Ogilvy Healthworld 和精信所属的 ghg 所构建起的全球网络。

在直销、促销和互动营销领域,WPP 集团包括 A. Eicoff & Co、Bridge Worldwide、EWA、G2、全球区域营销 Headcount Worldwide Field Marketing、知识库营销 KnowledgeBase Marketing、奥美互动 OgilvyOne Worldwide 和伟门 Wunderman。

专业传播服务包括订制媒体、人口和行业营销、体育营销、媒介和影视制作服务。WPP 集团下设有不同的代理公司提供多种服务,如订制媒体的 Forward 和 Spafax;企业关系的 Ogilvy Primary Contact;人口营销的 The Bravo Group、MosaicaMD、Kang & Lee 和 WINGLATINO;青少年营销的 The Geppetto Group;房地产营销的 Pace company;餐饮食品营销的 The Food Group;技术营销的 Banner Corporation;体育营销的 Ogilvy Action Sports & Entertainment Marketing 和 PRISM Group；媒介和影视制作的 Metro Group、The Farm Group 和 MRC。

WPP 集团的信息、调查和咨询板块通过各个独立的全球调研和营销战略咨询机构开展，这些机构都处于 Kantar 市场研究集团（Kantar Group）的集中管理之下。Kantar Group 的主要股份组成是 TNS 公司，该公司是个专注于营销战略研究、品牌定位和股权分析、客户满意度调查、产品开发、国际研究和高级建模的客户研究机构。Kantar Group 的业务通过四个垂直部门来运作：Kantar 媒体，包括 Kantar Media Intelligence 和 Kantar 受众监测；全球目标群体指数（TGI Global）和 Kantar 美国媒体；Kantar 医疗保健，包括 TNS 医疗保健、Ziment 集团和 Mattson Jack 集团；Kantar 零售业，包括 Glendinning、Cannondale 协会、管理风险投资公司、零售咨询（Retail Forward）和红点广场；前 TNS Worldpanel 公司组建而成的 Kantar Worldpanel 集团。

WPP 集团的公共关系和公共事务板块包括从事财务和营销传播、危机管理、声誉管理、公共事务和政府公关的国内和国际公司。WPP 集团在这个领域最大的业务集中在博雅公关 Burson-Marsteller、伟达公关 Hill & Knowlton、奥美公关 Ogilvy Public Relations Worldwide 和凯维公关 Cohn & Wolfe 中。博雅公关擅长于企业和营销传播、B2B 服务、危机管理、员工关系和政府关系方面；伟达公关是一个世界性的公共关系和公共事务公司提供传播服务，奥美公共关系国际集团是一个专注于市场营销、医疗卫生、企业公共事务和技术等实践领域的公共关系和公共事务公司；凯维公关则是一个提供商业解决方案和营销传播策略的国际性公关公司。

WPP 集团的数字投资分布通过对公司的战略收购和投资来增强其数字业务，WPP Digital 包括诸如美国独立 Schematic、BLUE and Quasar、24/7 Real Media 等互动广告公司，并在创意服务、数据分析、移动营销、游戏广告、视频和网络社交服务上都进行了投资。

表 2-3　2009 年 WPP 集团财务状况

项目	2005	2006	2007	2008	2009
收入(百万美元)	8375.6	9208.1	9641.5	11653.7	13535.1
收入增长率(%)	25.0%	9.9%	4.7%	20.9%	16.1%
净收入(百万美元)	620.3	752.2	726.2	684.4	682.2
利润率(%)	7.4%	8.2%	7.5%	5.9%	5.0%
资产总额(百万美元)	22427.3	22905.4	26889.4	38129.2	34837.7
资产增长率(%)	34.6%	2.1%	17.4%	41.8%	-8.6%
资产回报率(%)	3.2%	3.3%	2.9%	2.1%	1.9%
负债总额(百万美元)	11580.6	12599.9	20694.8	29148.1	25938.7
负债增长率(%)	43.8%	8.8%	64.2%	40.8%	-11.0%
债务比率①(%)	51.6%	55.0%	77.0%	76.4%	74.5%
雇员总数(人)	70936	77686	90182	112262	138000
雇员人均创收(美元)	118073	118529	106912	103808	98081
雇员人均利润(美元)	8745	9682	8052	6096	4944

（三）IPG(Interpublic)集团

IPG 集团(纽约证交所+代码:IPG)的总部位于美国纽约第六大道 1114 号,是一家国际性广告和营销服务集团,为世界上诸多企业提供包括订制广告、直销、移动和搜索引擎营销等营销解决方案。集团的业务遍布美国、英国、欧洲大陆、亚太和拉丁美洲。

集团分为两个部门进行运营:整合代理网络(IAN)和顾客管理集团(CMG)。

IPG 集团的 IAN 部门包括博达大桥 Draftfcb、睿狮 Lowe、麦肯 McCann、盟博 Mediabrands 和一些国内代理公司,这个部门提供全球传播和营销服务。2006 年推出的博达大桥 Draftfcb 是一家按照现代代理模式为客户提供创造性和负责任的服务的公司,它能提供订制广告和基于数据的直销。麦肯 McCann 为其他公司提供传播工具和资源,它包括为 100 多个国家提供服务的 McCann

---

①　债务比率=负债总额/资产总额。

Erickson 广告公司、提供关系营销和数字专业知识的 MRM Worldwide、提供体验营销和促销的 Momentum Worldwide 和提供健康传播的麦肯全球健康传播 McCann Healthcare Worldwide。睿狮 Lowe 是一家创意机构，主要为全球最大的客户提供高价值的思想和理念。通过与 IPG 集团中营销服务公司的合作，睿狮 Lowe 为客户提供卓有成效的传播渠道解决方案。IPG 集团的国内独立代理公司包括如下综合代理服务品牌：坎贝尔—爱沃德 Campbell-Ewald、Campbell Mithun、多伊奇 Deutsch、Hill Holliday、The Martin Agency 和 Mullen。这些代理公司为建立部门和行业的强大品牌提供整合营销方案。IPG 集团还包括两个全球性的媒介代理公司，Initiative 和优势麦肯 Universal McCann，他们为客户提供媒介计划和购买的专业服务，提供营销策划和营销投资回报分析。集团在 2008 年建立了一个叫 Mediabrands 的管理机构对这两个全球媒介网络进行经营管理。

IPG 集团的 CMG 部门提供专业的营销服务、公关和传播服务。CMG 部门包括万博宣伟 Weber Shandwick、高诚公关 GolinHarris、MWW Group、DeVries、Jack Morton、Octagon Worldwide 和 FutureBrand 品牌咨询。这些公司提供包括公关、会议和时间营销、体育和娱乐营销、企业和品牌标识和营销战略咨询等多元化服务。

另外，在 IPG 集团下属的三大全球品牌博达大桥 Draftfcb、睿狮 Lowe、麦肯 McCann 中也有一些健康传播专家提供服务。

表 2-4 2009 年 IPG 集团财务状况

项目	2005	2006	2007	2008	2009
收入（百万美元）	6274.3	6190.8	6554.2	6962.7	6027.6
收入增长率（%）	-1.8%	-1.35	5.9%	6.2%	-13.4%
净收入（百万美元）	-262.9	-31.7	167.6	265.2	93.6
利润率（%）	-4.2%	-0.5%	2.6%	3.8%	1.6%
资产总额（百万美元）	11945.2	11864.1	12458.1	12125.2	12263.1
资产增长率（%）	-2.5%	-0.7%	5.0%	-2.7%	1.1%
资产回报率（%）	-2.2%	-0.3%	1.4%%	2.2%	0.8%

续表

项目	2005	2006	2007	2008	2009
负债总额(百万美元)	9999.9	9923.5	10125.9	9649.6	9449.0
负债增长率(%)	−5.1%	−0.8%	2%	−4.7%	−2.1%
债务比率①(%)	83.7%	83.6%	81.3%	79.6%	77.1%
雇员总数(人)	42600	42000	43000	45000	40000
雇员人均创收(美元)	147284	147400	152423	154727	150690
雇员人均利润(美元)	−6171	−755	3898	5893	2340

（四）阳狮（Publicis）集团

阳狮集团（纽约证交所+巴黎证交所+代码:PUB）的总部位于法国巴黎香榭丽舍大街 133 号,是一个全球性的传播集团。该集团在全球传播集团中排名第四,也是全球第二大媒介咨询和购买集团。阳狮集团为北美洲、拉丁美洲、欧洲、亚太、中东和非洲的超过 104 个国家提供广告、媒介咨询和购买、专业代理和营销服务（SAMS）。

集团的广告和传播服务分为三类:广告服务、专业代理和营销服务（SAMS）、媒介服务。

广告服务部门由阳狮 Publicis、盛世长城 Saatchi & Saatchi、李奥贝纳 Leo Burnett 提供传统的广告服务,集团还有一些较小的本地的传统广告代理公司满足客户的需求,如 Fallon 和总部设在英国的百比赫 BBH（阳狮集团拥有其49%的股份）。

广告服务主要包括产品、服务和品牌的广告创意,这个过程是通过市场调查、消费者行为研究、社会学和心理学研究和创造性洞察,将产品、服务和品牌与竞争对手的进行分析比较,作出营销战略策划。阳狮集团将此概念贯穿于电影、视频、广播、报纸、网络和互动媒体、手机和其他电子产品的广告中。

阳狮广告公司 Publicis 在全球超过 80 个国家都设有分支机构,包括欧洲和美国。阳狮的网络还包括 Publicis & Hal Riney、Marcell、阳狮传讯 Publicis

---

① 债务比率=负债总额/资产总额。

Dialog、阳狮脉达 Publicis Modem 和 Duval Guillaume。

盛世长城 Saatchi & Saatchi 在全球 86 个国家开展业务,旗下包括致力于售点营销的 Saatchi & Saatchi X 在内的诸多代理公司。盛世长城还包括美国的 Team one、Conill、Saatchi & Saatchi S、Saatchi & Saatchi Design Worldwide、Youth Connection 和 Spring。

李奥贝纳 Leo Burnett 的业务遍及全球 84 个国家,其中包括主要致力于直销、促销和互动营销的 Arc 国际营销服务网络(SAMS)。阳狮集团重新整合了提供传统广告和营销服务的李奥贝纳和 Arc 公司、提供媒介咨询和购买的星传媒体 Starcom MediaVest、提供数字和互动营销服务的狄杰斯 Digitas 等子公司,为客户提供一站式服务。

专业代理和营销服务(SAMS)部门提供一系列诸如公关、企业和金融传播、健康传播(旨在满足医药行业的特殊需求)、直销、促销、顾客关系管理(CRM)、事件传播、体育营销和跨文化传播。阳狮集团将这些专业传播服务与传统的广告服务结合起来配合使用。

SAMS 部门通过狄杰斯 Digitas 提供直销、顾客关系管理、促销、互动传播服务。Digitas 的全球网络包括讯谷无线传媒 Phonevalley、阳狮脉达 Publicis Modem、绩效营销代理公司 Performics、数字制作公司 Prodigious、德诺 Denuo、Zed Digital、Moxie、Digitas 法国和 Digitas 大中华区。阳狮集团还设立了医疗保健传播集团(PHCG),在全球 10 个国家雇有 2700 多名员工,是世界上最大的卫生保健传播集团之一。旗下有 BOZ 集团、Brand Pharm、Healthware 和 Science Oriented solutions。阳狮下属的企业传播集团 PRCC 包括阳狮公关、明思力公关 Manning Selvage & Lee 和 Freud 传播公司,提供企业和财务传播、公关、人力资源传播和定制服务。阳狮集团还有 Bromley Communications、Burrell Communications、Double Platium 和 New A 提供跨文化、多种族沟通服务。阳狮国际 Publicis Events Worldwide 提供事件传播服务。Mundocom、WAM、MarketForward 和 Carre Noir 则提供设计和产品服务。

阳狮集团的媒介服务部门提供媒介计划和咨询、媒介广告时段和版面购买服务。阳狮集团通过二个全球网络来提供媒介服务:星传媒体(SMG)和实力传播 ZenithOptimedia。星传媒体在 73 个国家都设立有分支机构,包括 Starcom、MediaVest、Spark Communications 和 Pixel。实力传播在 72 个国家设立了分支机构,包括 Newcast、尼娜咨询 Ninah、Equinox、Zed Digital 和 Moxie Interactive。另外,阳狮集团的 Medias & Regies Europe 提供欧洲的出版、影视、广播、广告牌的广告时段和版面的销售服务。

表 2-5　2009 年阳狮集团财务状况

项目	2005	2006	2007	2008	2009
收入(百万美元)	5738.6	6098.8	6495.1	6549.3	6290.7
收入增长率(%)	7.7%	6.3%	6.5%	0.8%	−3.9%
净收入(百万美元)	536.7	616.0	628.5	621.6	560.4
利润率(%)	9.4%	10.1%	9.7%	9.5%	8.9%
资产总额(百万美元)	16349.6	16167.5	17025.4	16491.5	17701.2
资产增长率(%)	19.2%	−1.1%	5.3%	−3.1%	7.3%
资产回报率(%)	3.6%	3.8%	3.8%	3.7%	3.3%
负债总额(百万美元)	13490.7	13275.2	13931.5	13265.5	13754.9
负债增长率(%)	17.8%	−1.6%	4.9%	−4.8%	3.7%
债务比率①(%)	82.5%	82.1%	81.8%	80.4%	77.7%
雇员总数(人)	38610	39939	43808	44727	45000
雇员人均创收(美元)	148631	152702	148262	146429	139793
雇员人均利润(美元)	13902	15423	14347	13897	12453

第二节　美德日中英五国广告产业竞争力评价

美洲的美国,欧洲的德国和英国,亚洲的日本和中国,是全球广告产业总值最高的五个国家,全球最著名的广告集团也大多集中在这几个国家。因此,选择美国、德国、英国、日本、中国这五个国家进行广告产业发展现状的评价和

---

① 　债务比率＝负债总额/资产总额。

对比,不仅仅深具代表性,也能在历史与现状的梳理中管窥这五个国家广告产业竞争力的优势和劣势,以及形成的原因,为中国广告产业竞争力的研究提供参考。

一、美德日中英五国广告产业竞争力综合评价

运用广告产业竞争力评价指标体系,对美国、日本、德国、英国、中国这 5 个主要国家的广告产业竞争力进行了量化评价,其各国广告产业竞争力指数测评结果见表 2-6、表 2-7:

表 2-6　5 个国家的广告产业竞争力指数及位次排名(模块)

国家	中国	日本	美国	英国	德国	5 国平均
总竞争力指数	0.39	0.52	0.79	0.58	0.53	0.562
位次(名)	5	4	1	2	3	—
环境竞争力指数	0.45	0.52	0.62	0.61	0.59	0.558
位次(名)	5	4	1	2	3	—
基础竞争力指数	0.38	0.62	0.88	0.64	0.60	0.624
位次(名)	5	3	1	2	4	—
核心竞争力指数	0.39	0.44	0.75	0.52	0.47	0.514
位次(名)	5	4	1	2	3	—

表 2-7　5 个国家的广告产业竞争力指数及位次排名(要素)

国家	中国	日本	美国	英国	德国	5 国平均
总竞争力指数	0.39	0.52	0.79	0.58	0.53	0.562
位次(名)	5	4	1	2	3	—
宏观环境竞争力指数	0.45	0.52	0.62	0.61	0.59	0.558
位次(名)	5	4	1	2	3	—
资源要素竞争力指数	0.37	0.57	0.81	0.77	0.67	0.638
位次(名)	5	4	1	2	3	—
相关产业发展竞争力指数	0.36	0.52	0.91	0.41	0.37	0.514
位次(名)	5	2	1	3	4	—

续表

国家	中国	日本	美国	英国	德国	5国平均
需求状况竞争力指数	0.44	0.84	0.94	0.78	0.82	0.764
位次（名）	5	2	1	4	3	—
竞争实力竞争力指数	0.39	0.44	0.75	0.52	0.47	0.514
位次（名）	5	4	1	2	3	—

（一）美德日中英五国广告产业竞争力差距明显

广告产业竞争力指数是广告产业竞争力的3个模块、5个竞争力要素、73个竞争力指标的综合,从整体上反映了各国广告产业竞争力状况,其数值的高低标志着其竞争力的强弱。从五个国家广告产业竞争力指数得分情况看(如图2-5),各国的广告产业竞争力指数数值差异显著:排名情况分别是美国(0.79)、英国(0.58)、德国(0.53)、日本(0.52)和中国(0.39),这五个国家的广告产业国际竞争力指数的平均数值为0.56,标准差为0.1455,变异系数为0.2589,数据表明,美德日中英五国广告产业竞争力存在着明显的差距。

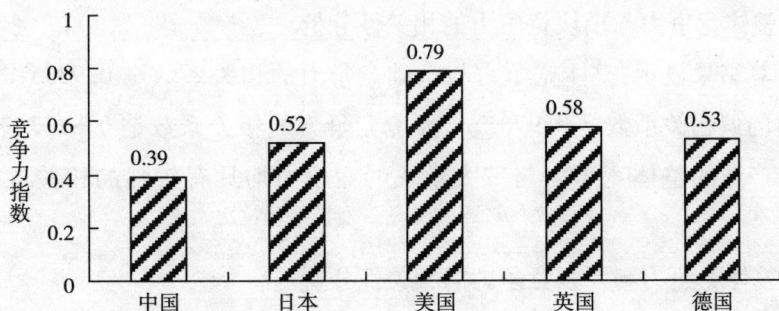

图2-5 5个国家广告产业竞争力指数

（二）美德日中英五国广告产业竞争力分属三个集团

以竞争力指数值 C 来判断各国竞争力的强弱,其标准为:C≥0.7,表明具有较强的竞争力(强优势),0.7>C≥0.5,表明具有一定的优势(弱优势),C<0.5,表明竞争力较弱(劣势)。按照这一判别标准可以看出(如表2-8),美国的广告产业竞争力指数为0.79,位居5个测评国家之首,其指数高于0.7,表

明具有很强的国际竞争优势,属第一集团。英国、日本、德国这三个国家的广告产业竞争力指数位为 0.5—0.7 之间,广告产业竞争力具有弱优势,分属第二集团。中国的广告产业竞争力指数小于 0.5,属于竞争力劣势的第三集团。

表 2-8　5 个国家广告产业竞争力

第一集团			第二集团			第三集团		
国家	竞争力指数	位次	国家	竞争力指数	位次	国家	竞争力指数	位次
美国	0.79	1	英国	0.58	2	中国	0.39	5
			德国	0.53	3			
			日本	0.52	4			

(三)美德日中英五国广告产业整体竞争力与结构竞争力具有较强相关性

通过计算五国产业整体竞争力指数与三大模块和五大要素竞争力指数之间的相关关系,来判断五国广告产业整体竞争力与结构竞争力之间的相关程度:

1.整体竞争力与模块竞争力的相关性分析

计算结果显示:整体竞争力与基础竞争力的相关系数是 0.9835,与核心竞争力的偏相关系数是 0.9781,与环境竞争力的相关系数是 0.8177,表明五国广告产业的整体竞争力与三大模块的竞争力均具有较强的相关度(见图 2-6)。

2.整体竞争力与要素竞争力的相关性分析

计算结果显示:整体竞争力与宏观环境要素竞争力的相关系数是 0.8177,整体竞争力与资源要素竞争力的相关系数是 0.8719,与相关产业发展竞争力的相关系数是 0.8898,与需求状况竞争力的相关系数是 0.8223,与竞争实力竞争力的相关系数是 0.9781。表明五国广告产业的整体竞争力与五大要素的竞争力也均具有较强的相关度(见图 2-7)。

(四)中国的整体竞争力与结构竞争力之间的协调性高于其他四国

根据五国广告产业竞争力指数位次排列情况,来判断五国广告产业整体

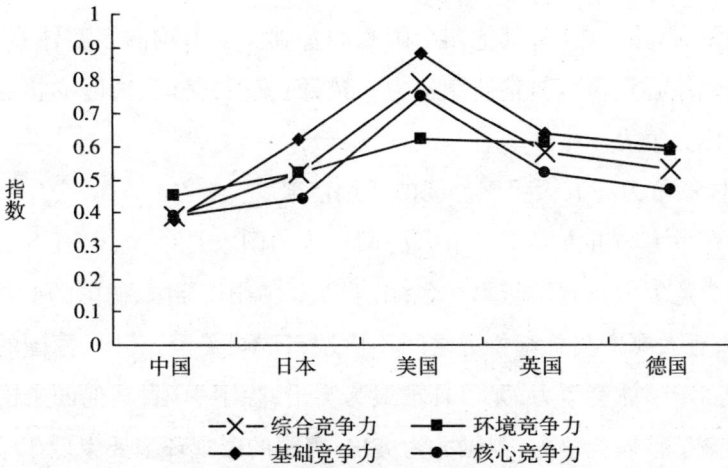

图 2-6 5个国家广告竞争力模块关系

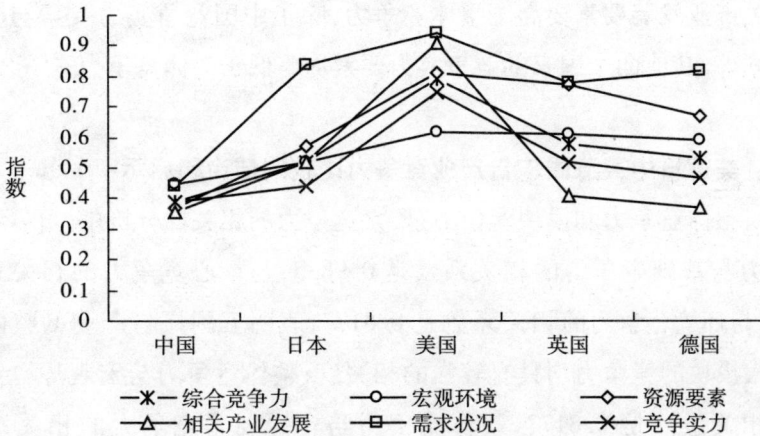

图 2-7 5个国家广告产业竞争力要素关系

竞争力与结构竞争力是否协调发展。判定结果如下：

1.整体竞争力与三大模块之间的协调情况

整体竞争力与三大模块竞争力协调一致的国家是中国，整体竞争力指数和三大模块竞争力指数均位居第五名；整体竞争力与三大模块竞争力排名基本协调的国家是英国和德国；环境竞争力高于整体竞争力的国家是中国和德国,环境竞争力与整体竞争力接近的国家是日本和英国,美国的环境竞争力低于整体竞争力;除了中国,其他四个国家的基础竞争力均高于整体竞争力;日本和中国的核心竞争力与整体竞争力一致,而英国、美国、德国的核心竞争力要弱于整体竞争力。

2.整体竞争力与五大要素之间的协调情况

整体竞争力与五大要素竞争力协调一致的国家是中国,但五大要素竞争力排名和总竞争力排名均居第五名;由于日本、美国、英国、德国的要素之间发展不均衡,五大要素与总竞争力之间不协调;日本、美国、英国、德国的需求状况要素均高于整体竞争力,尤以日本最为突出;除了中国,其他四个国家的资源要素均高于整体竞争力,英国尤为突出;美国的宏观环境要素低于整体竞争力,其他几个国家宏观环境要素均高于整体竞争力;日本的相关产业发展要素与整体竞争力一致,中国、英国、德国的相关产业发展要素都低于整体竞争力,美国相关产业发展要素要高于整体竞争力;除了中国竞争实力要素与整体竞争力趋同外,其他四个国家的竞争实力要素均略低于整体竞争力。

二、美德日中英五国广告产业竞争力比较的结论和启示

在对整体竞争力和模块竞争力、要素竞争力的相关性分析中,可以看到整体竞争力与基础竞争力的相关系数是 0.9835,与核心竞争力的相关系数是 0.9781,与环境竞争力的相关系数是 0.8177,表明五国广告产业的整体竞争力与三大模块的竞争力均具有较强的相关度;整体竞争力与宏观环境要素竞争力的相关系数是 0.8177,整体竞争力与资源要素竞争力的相关系数是 0.8719,与相关产业发展竞争力的相关系数是 0.8898,与需求状况竞争力的相关系数是 0.8223,与竞争实力竞争力的相关系数是 0.9781,表明五国广告产业的整体竞争力与五大要素的竞争力也均具有较强的相关度,这个结果验证了该评价指标体系是科学、合理的。

在对整体竞争力与结构协调情况的分析中,可以看到中国是 5 个比较国家中综合竞争力与三大模块竞争力协调性最好的,其次是英国和德国,日本和美国的协调性较差,中国也是 5 个比较国家中综合竞争力与五大要素竞争力

协调情况最好的,日本、美国、英国、德国这 4 个国家的五大要素之间发展不均衡现象较为突出。即便这样,中国广告产业竞争力仍然处于第五排名,可见,综合竞争力与结构协调之间关系不大,中国虽然结构平衡,但每项均处于落后,最后综合竞争力排名仍然落后,而美国、日本、德国、英国却各有突出优势,故而综合竞争力排名靠前。这也提示中国广告产业需要改变目前均衡落后的状况,打造独特的竞争优势。

第三节 发达国家广告产业竞争力分析

一、发达国家广告产业竞争优势的来源分析

(一)美国广告产业竞争优势

美国是全球广告业最发达的国家,美国广告业的成功受到社会、经济、文化、教育和科技等诸因素的影响,这些因素的合力效应支撑着美国广告产业的蓬勃发展。

经济的发展是美国广告产业发展的最重要推动力。早期的美国广告业受其宗主国英国的影响,19 世纪就在这片土地上生根发芽,到 20 世纪后,尤其是进入 20 世纪 20 年代,美国经济进入一个前所未有的繁荣期,广告在这个时期发挥了引导消费、领导时尚的作用,美国总统柯立芝由此得出结论"广告是拯救人类并使人类获得新生的伟大工作的一部分"[1]。正是随着美国经济发展进入快车道,强大的经济推力推动着美国广告产业迈上了快速发展之路,走到了世界广告产业的前端。

活跃的市场经济和繁荣的经济环境为广告产业的发展提供了强大的推动力,也带来了众多的优质客户资源。除此之外,美国的媒介在全世界也是最发达的,传统媒体、数字媒体、户外媒体已经构建起有世界影响力的立体传播网

---

① 约翰·凯瑞、鸠柳斯·韦伯格、托马斯·哈慈肖恩编:《内战以来美国生活的社会构造》,波士顿 1987 年版,第 205 页。

络,这又为广告产业发展提供了所需的媒体资源。美国劳动者中高等教育的人数比例、人文发展指数也是全世界最高的,这为广告产业发展供给了优秀的人才。从广告理论的发展来看,很多重要的广告理论都是美国的广告大师提出的,至今仍对广告实践有很强的指导意义,这种知识资源也是支撑美国广告产业发展的强大动力。再加上美国人均国民收入全球第一,人均消费支出也是全球第一,巨大的消费市场也是广告赖以生存的根基。如此种种,体现在美国广告产业的发展过程中都是重要的基础竞争力。因此,从五个国家广告竞争力的模块关系图(图2-6)中也能清楚地看到,美国的基础竞争力远远高于其他国家的数值,甚至高于其综合竞争力的数值。

可见,活跃而繁荣的经济、发达的媒体、高素质的人才、专业的研究人才、成熟的资本市场、有强大消费力的消费者共同组成了广告产业发展的基础竞争力,也是美国广告产业竞争力模块中最突出的部分。

(二)日本广告产业竞争优势

日本广告产业与美国广告产业相比,也属于"后进者"。日本的广告产业是与二战后的经济复苏同步发展起来的,20世纪50年代后,随着欧美广告公司开始全球扩张,日本开始向欧美学习,将市场营销和广告引入国内。正因为是"后进者",日本广告产业发展选择了一条与欧美国家不同的道路。日本广告产业遵循的是"媒体共生型"的产业发展道路,即日本的广告公司大多脱胎于媒体或与媒体关系密切。这种与媒体共同成长的稳定关系为日本广告产业抵御欧美广告公司的入侵提供了保障,也因此保存了自身实力,获得了独立发展的空间,在全球广告市场上也有较强的竞争力。但是,日本广告产业在对外扩张的道路上也显得比较审慎,主要还是致力于本国市场,在国际化道路上走得相对艰难。

日本广告产业竞争力要素中最为突出的一点是需求状况要素,这一要素甚至超过了英国和德国,仅次于美国。在日本广告产业竞争力要素中是唯一一个偏离了综合竞争力的要素。这提示我们,日本广告产业竞争力的建构与消费者和广告主对广告的需求有很大关联。日本国民虽然人均总收入不及美国、英国、德国,但是人均消费支出占收入的比却是58.25%,远远超过英国的

30.52%和德国的 44.13%,仅次于美国。可见,日本国民的消费需求十分旺盛。另外,日本的本地企业的数量和质量在全球都是数一数二的,众多的优质企业需要借助广告开拓国内外市场也对广告产业的发展有强大的牵引力。可见,需求状况要素在建构日本广告产业竞争力中贡献颇大。

(三)英国广告产业竞争优势

英国是世界上最早出现印刷广告、最早出现广告著作、最早颁布"广告法"的国家,也是最早成立广告行业自律组织的国家之一。英国广告产业再度回到世界广告中心之一的位置得益于政府对"创意产业"的提倡和扶持。英国曾是工业革命的故乡,是以制造业为主的"世界工厂",19 世纪时其制造业居世界首位。二战以后,英国的工业开始走下坡路,制造业日趋萎缩,在相当长一段时期内,英国处于高通胀、高失业率、低经济增长的严重不景气状态。在这种形势下,国际文化经济专家霍金斯提出了"创意经济"的概念,要以知识创新为源泉,以服务业为载体,以创造经济价值为目标大力推进创意产业。自此,英国政府积极宣传和推广创意经济的概念,还制定了一系列配套措施,通过资金、税收、培训及市场准入等手段,加强对创意产业的引导、培育和扶持。在这样的环境下,英国的广告产业也获得了快速的发展。

英国境内有 13200 家广告公司,其创新力和原创力享誉全球,全球有超过三分之二的广告公司都以伦敦作为欧洲总部的据点,足见英国广告业在全球的地位。英国广告产业与美国广告产业的区别在于,美国广告产业更多还是关注于传统媒体,而英国广告产业对新兴的数字媒体格外青睐。在英国,有世界最先进的数字媒体产业,数字电视的发展和推动、数字广播的开创、平价而高速的宽带发展等等成功的经验在广告领域也带来了生机和活力。据《第一财经日报》报道,英国的网上广告业务正以每年 40%的速度激增,这个数据是高出美国的 1 倍多,为世界之最①。

英国广告产业的模块竞争力发展较为平衡,资源要素和需求状况要素要高于综合竞争力,其中资源要素竞争力和美国基本一致,在五个国家中处于较

① 《英国网络广告业势头大超美国》,《新闻前哨》2007 年第 Z1 期。

高水平。这说明英国广告业的人力资源、知识资源、资本资源、媒体资源和客户资源发展较好。另外还有一点值得注意的是,在宏观环境要素上,英国和美国基本一致,略高于德国,更高于日本,从宏观环境的几个指标来看,英国最为突出的是第三产业占 GDP 比重达到了 98.8%,远远高于美国、德国、日本。在宏观环境其他指标与其他国家指标差异不大的情况下,这个指标的突出为英国宏观环境要素竞争力加分不少。可见,英国广告产业竞争力的建构,除了均衡发展以外,最突出的就是经济结构调整后第三产业占比的大大增加,这一点为英国广告产业竞争力贡献良多。

(四)德国广告产业竞争优势

德国的广告产业的全球地位和德国的世界经济地位是匹配的。德国经济的发展和德国的经济发展模式的选择息息相关。德国的经济发展模式不同于美国自由市场商品经济,也不同于日本的政府导向资本主义,而是选择了独特的"社会市场经济"发展模式,这种发展模式追求的是创造高利润、利益分配平衡和较高的收入水平。在这种模式下,国家对资本积累的直接干预较小,但政治体制严格的确立了一整套劳工权利和福利措施,使得商业效率和社会公平达到了较好的平衡。这种"欧洲福利资本主义"的经济发展模式的运用使得德国在二战后迅速崛起,成为"欧洲经济的火车头",并展现出良好的发展后劲。

由于经济发达的缘故,许多世界大广告公司在德国都设有分支机构,基本上德国所有的大型广告公司都隶属于某全球广告网络。德国本土广告公司集中度较高的城市主要是柏林、汉堡、法兰克福和杜塞尔道夫四个城市,其中杜塞尔道夫拥有的广告公司最多。但是,大多数本土广告公司都是中小型广告公司。虽然同世界上其他国家一样,德国的本土广告产业也面临着跨国广告公司的威胁,但是本土广告公司的高度专业化和集群化发展,仍然使之为德国广告产业发展的一个重要支撑。事实上,中小企业本身就是德国经济的特征和支柱,德国经济技术部部长米勒博士曾说:"中小企业是德国经济的支柱,没有富有竞争力的工业、商业、服务业以及自由职业等高效率的中小企业,我们社会的市场经济将不可想象。中小企业在保持德国经济稳定、持久、快速发展中发挥着重要的支撑作用。"①在广告行业,德国本土的广告公司在营业收入和营业利润上也是全球最高的,这说明了德国本土广告公司虽然规模小,但专业性和高效率却是不容置疑的。

在德国的广告产业竞争力分析的宏观环境模块,德国的国家经济结构和中国的情况比较接近,制造业和第三产业占 GDP 的比重相差不大,这和日本、美国、英国的第三产业占 GDP 比重远高于制造业占 GDP 比重的情况不一样。即便如此,德国的宏观环境要素竞争力还是与美国、英国基本持平,比日本高,更高于中国,这主要是受到较高的 GDP 和 GDP 增长率的牵引。德国的需求状况要素竞争力和资源要素竞争力均高于其综合竞争力。尤其是需求状况要素竞争力相对于综合竞争力的差异仅次于日本,这正是"社会市场经济"注重国民较高收入水平所带来的连锁效应。

二、发达国家构建广告产业竞争优势的启示

美国、德国、日本、英国这四个发达国家的广告产业各具特色和优势,对中国广告产业竞争优势的构建深具启发。

美国的经济、社会全面高度发展和广告产业的先发优势自不必说,广告产业的环境竞争力、基础竞争力和核心竞争力均高于其他四国,尤其是广告产业的基础建设远超其他国家,处于难以逾越的领先地位。基础优势来源于国内优质而丰富的人力资源、知识资源、资本资源、媒体资源和客户资源等要素,来源于相关产业的高度发展,来源于消费者和广告主需求的巨大拉动,这些全面超越的优势是其他几个国家短期内难以企及的。

除了美国之外,处于广告产业竞争力弱优势第二集团的德国、英国和日本则各有竞争优势之处,对广告产业整体竞争力的提升贡献良多。和美国一样,日本广告产业的基础竞争力优势凸显,在基础竞争力的各个要素中,日本的需求状况要素竞争优势仅次于美国,是日本广告产业整体竞争优势中最为突出的一个亮点。无独有偶,德国广告产业的需求状况要素所提供的竞争优势也

①　钟国铭、龚蕾:《德国经济支柱是怎样炼成的》,《中国经济快讯》2003 年第 41 期。

高于其他要素,仅次于日本,在德国广告产业整体竞争力的提升上也发挥了重要功能,再加上德国国家经济的高度发达所提供的环境竞争优势,使得德国也跻身广告产业竞争力排名第三的位置。而英国在经济结构调整中大大增加了第三产业占比,并大力发展"创意经济"和"数字广告",让英国成为竞争弱优势第二集团中的领头者。如上观之,若非全面超越的绝对竞争优势,打造独特的竞争优势是构建广告产业竞争优势的法宝。

第三章 中国广告产业竞争力现状

第一节 中国广告产业发展现状

一、中国广告产业发展的基本状况

中国广告市场自 1979 年重开以来,经过 30 余年的发展,经营总额从 1981 年的 11.8 亿元跃升到 2009 年的 2041 亿元①,惊人的发展速度令世界瞩目。从广告市场的总量来看,中国广告产业已经进入全球五大广告支出国的行列。据法国广告传播公司阳狮集团(Publicis Groupe S.A.)旗下的实力传播(ZenithOptimedia)最新的预测数据显示,2011 年中国将取代德国,成为全球第三大广告市场②。全球四大会计所之一普华永道也发布报告认为未来中国广告产业将以远高于全球平均增速的增速,在 2014 年超过日本,成为仅次于美国的世界第二大广告市场③。

（一）中国广告产业是中国增长速度最快的产业之一

我国广告产业起步晚,发展基数小,在 1981 年到 1991 年的最初十年间广告产业虽然保持了 41% 的年均增长率,但广告产业经营总额增幅仍然较缓。

---

① 本章中国广告产业的数据均来自于中国统计局编撰的《中国广告年鉴》,与第三章数据来源不同,第三章广告产业产值不包含媒体费用,这一章的经营总额均包含媒体费用,因此有所不同。

② http://it.sohu.com/20101206/n278124162.shtml 搜狐 IT 消息:《实力传播:2011 年中国将成全球第三大广告市场》,2010 年 12 月 6 日 11:47。

③ 《中国广告开支 2014 年将居世界第二》,《广告大观》2010 年第 7 期。

1992 年,随着邓小平南巡讲话给中国经济注入一针强心剂,广告产业也在 1992 年和 1993 年连续两年都以超过 90% 的增幅获得了飞速的发展。在此后 10 年的时间广告产业进入快速上升通道,广告产业经营总额从几十亿元飙升至 900 亿元,发展势头非常强劲。到 2003 年年底,全国广告经营总额更是突破千亿,进入里程碑式的发展阶段,达到了 1078.68 亿元。此后,随着广告经营额基数的增大,广告经营额的增速逐渐放缓。但是,广告经营额持续增长的势头并没有发生改变,1981—2010 年间广告业经营额的平均年递增率高达 32.3%。广告经营单位到 2009 年已达到 204982 家,相比 1981 年的 1160 家增加了 174.7 倍。广告业从业人数也比 1981 年的 1.6 万人增长了 81.6 倍,到 2009 年广告业的从业人数已经达到了 133.5 万人。由上可见,广告产业是中国增长速度最快的产业之一。

表 3-1 1981—2010 年间中国广告产业基本情况

年份	广告经营总额 (万元)	广告经营总额 增长率(%)	广告经营单位 (家)	广告从业人数 (人)
1981	11800	—	1160	16160
1982	15000	27.12%	1623	18000
1983	23407.4	56.05%	2340	34853
1984	36527.88	56.05%	4077	47259
1985	60522.53	65.69%	6052	63819
1986	84477.74	39.58%	6944	81130
1987	111200.3	31.63%	8225	92279
1988	160211.9	34.26%	10677	112139
1989	199899.8	33.90%	11142	128203
1990	250172.6	25.15%	11123	131970
1991	350892.6	40.26%	11769	134506
1992	678675.4	93.41%	16683	185428
1993	1340874	97.57%	31770	311967
1994	2002623	49.35%	43046	410094
1995	2732690	36.46%	48082	477371
1996	3666372	34.17%	52871	512087

续表

年份	广告经营总额（万元）	广告经营总额增长率(%)	广告经营单位（家）	广告从业人数（人）
1997	4619638	26.00%	57024	545788
1998	5378327	16.42%	61730	578876
1999	6220506	15.66%	64882	587474
2000	7126632	14.57%	70747	641116
2001	7948876	11.54%	78339	709076
2002	9031464	13.62%	89552	756414
2003	10786846	19.44%	101786	871366
2004	12645601	17.23%	113508	913832
2005	14163487	12.00%	125394	940415
2006	15730018	10.06%	143129	1040099
2007	17409626	10.68%	172615	1112528
2008	18895600	8.53%	185765	1266393
2009	20410322	8.02%	204982	1334898

（二）中国广告产业对 GDP 的直接贡献率偏低

广告市场重开初期,中国广告产业对 GDP 的直接贡献率可谓微不足道,一直到1988年中国广告产业经营总额占 GDP 的比率都还不足0.1%。随着广告产业的迅猛发展,到1996年广告经营总额占 GDP 的比重超过了0.5%,并在随后的十多年间逐年递增,到2003年达到0.794%的峰值。2003年后中国广告产业对 GDP 的直接贡献率有所降低,2009年中国广告经营总额在 GDP 中占0.609%,是继2008年首次回落到0.7%以下后的继续下跌。

在欧美等发达国家,广告产业经营总额占 GDP 的比重一直在2%以上。在美国,广告产业经营总额占 GDP 的比重在2000—2004年间最高达到了2.46%,即使在我们的近邻日本,1985—2005年间广告产业经营总额占 GDP 的比重也长期稳定的维持在1.06%—1.26%之间[1]。相较之下,中国广告产

---

① 王成盛:《广告业:失落的现状 河山大半失 借优势直追尚可期》,http://finance.ce. cn/rolling/200909/18/t20090918_14966369.shtml,2010-6-1。

业对 GDP 的直接贡献率偏低。

表 3-2　1981—2010 年间中国广告产业对 GDP 贡献率

年份	广告经营总额（万元）	GDP（亿元）	广告经营总额占 GDP 比重（%）
1981	11800	4891.6	0.024
1982	15000	5323.4	0.028
1983	23407.4	5962.7	0.039
1984	36527.88	7208.1	0.051
1985	60522.53	9016	0.067
1986	84477.74	10275.2	0.082
1987	111200.3	12058.6	0.092
1988	160211.9	15042.8	0.099
1989	199899.8	16992.3	0.118
1990	250172.6	18667.8	0.134
1991	350892.6	21781.5	0.161
1992	678675.4	26923.5	0.252
1993	1340874	35333.9	0.379
1994	2002623	48197.9	0.416
1995	2732690	60793.7	0.450
1996	3666372	71176.6	0.515
1997	4619638	78973	0.585
1998	5378327	84402.3	0.637
1999	6220506	89677.1	0.694
2000	7126632	99214.6	0.718
2001	7948876	109655.2	0.725
2002	9031464	120332.7	0.751
2003	10786846	135822.8	0.794
2004	12645601	159878.3	0.791
2005	14163487	183084.8	0.773
2006	15730018	209407	0.751
2007	17409626	246619	0.706
2008	18895614	300670	0.628
2009	20410322	335353	0.609

（三）人均广告费和从业人员人均营业额偏低

从三十年间的动态发展数据来看，从 1986 年前人均广告费不足 1 元到 2009 年人均广告费 153 元，从 1986 年前从业人员人均营业额不足万元到 2009 年从业人员人均营业额 15.3 万元，中国人均广告费和从业人员人均营业额也同样呈现上升趋势，但由于中国庞大的人口基数、弱小而分散的广告市场、区域发展不平衡等原因，中国人均广告费和从业人员人均营业额均偏低。

以 2007 年数据来看，当年中国广告市场规模在全球排名第五，但人均广告费用仅为 131.76 元，折合成 18 美元。而当时世界平均水平是 70.4 美元，美国、日本等广告发达国家则分别高达 921.4 美元和 485.0 美元。从数值上看，2007 年中国人均广告费用仅为美国的 2%。2009 年，中国人均广告费比 2007 年虽略有增长，但是与美国、日本等发达国家的差距仍然较大，与全球平均水平也仍有较大的差距。

表 3-3　1981—2010 年间人均广告费和从业人员人均营业额

年份	广告经营总额 （万元）	人均广告费 （元）	从业人员人均营业额 （元）
1981	11800	0.118	7302
1982	15000	0.148	8333
1983	23407.4	0.227	6717
1984	36527.88	0.350	7729
1985	60522.53	0.572	9483
1986	84477.74	0.786	10412
1987	111200.3	1.017	12050
1988	160211.9	1.345	13313
1989	199899.8	1.774	15592
1990	250172.6	2.188	18957
1991	350892.6	3.030	26088
1992	678675.4	5.792	36600
1993	1340874	11.314	42981
1994	2002623	16.709	48833
1995	2732690	22.562	57245

续表

年份	广告经营总额 （万元）	人均广告费 （元）	从业人员人均营业额 （元）
1996	3666372	29.957	71596
1997	4619638	37.368	84642
1998	5378327	43.109	92910
1999	6220506	49.453	105886
2000	7126632	56.229	111160
2001	7948876	62.282	112102
2002	9031464	70.309	119398
2003	10786846	83.473	123792
2004	12645601	97.283	138380
2005	14163487	108.320	150609
2006	15730018	119.67	151236
2007	17409626	131.76	156487
2008	18895600	142.28	149208
2009	20410322	152.92	152898

（四）中国广告产业地区发展不平衡

中国广告产业地区发展不平衡态势非常明显,主要表现在两个方面:其一,东、西、中部发展失衡,东部沿海地区的广告业发展水平远高于中西部欠发达地区的广告业发展水平;其二,一、二、三线城市发展失衡,中国广告业的发展焦点大都集中在诸如北京、上海、广州、深圳等一、二线城市。

以 2009 年的数据来看,北京、上海、广东依然位居区域经营额的前三甲,三地广告产业经营额总和占全国经营额总额的 48.6%。国内各地区广告经营额排名之首的北京,其广告经营额是排名末尾的西藏地区的 291 倍。北京 2009 年的广告经营额是全国 31 个省份(不包含港澳台)中,排名中位的山西省的近 18 倍。广大三四线城市不管是从广告经营额、广告经营单位还是广告从业者数量来看,发展水平都相对滞后,目前仍处于未完全开发或待开发状态。

表 3-4 2009 年中国各地区广告经营情况①

地区	经营单位（户）	从业人员（人）	2009 年经营额（万元）	2008 年经营额（万元）
北京	15389	120154	3867176	3567810
上海	36960	168488	3182216	3133541
广东	21396	157772	2691187	2505990
江苏	13486	100877	1789402	1535291
浙江	13362	94658	1518759	1382663
天津	7601	43776	929025	839202
福建	7382	54752	815270	560714
山东	11803	81513	763131	702359
四川	5192	30374	560467	506337
安徽	5145	31889	467037	363714
辽宁	4829	32431	442073	428508
河南	6780	49546	350995	330443
湖北	5088	33367	345066	319572
重庆	8022	46383	331961	333293
江西	3693	32055	249753	231682
山西	3016	20706	241880	201665
吉林	2852	15046	220606	188264
黑龙江	2669	20613	214565	203948
云南	4159	19563	202360	177626
陕西	1768	11446	140441	138894
河北	4347	30112	137832	128791
内蒙古	2239	17370	104449	84382
新疆	4168	24726	101229	134209
贵州	1199	7781	81419	81419
湖南	2692	16244	72551	357640
广西	4631	34750	59614	61141
甘肃	1612	12440	52115	40815
海南	1155	7289	50131	35991

① 蔡佩爽:《2009 年中国广告业统计数据报告》,《现代广告》2010 年第 6 期。

地区	经营单位（户）	从业人员（人）	2009年经营额（万元）	2008年经营额（万元）
青海	401	3156	25168	24022
宁夏	1281	7910	16403	28306
西藏	362	2214	15003	12238

（五）中国广告产业在世界广告市场中仍然弱小

中国广告产业在世界广告市场中依旧弱小体现在三个方面。

一是中国广告市场在世界排名虽然第四,但在世界广告市场中占比较小。

从全球十大广告支出国在广告市场中所占的份额来看,中国占全球市场份额的从2005年的2.4%上升为2008年3.5%,占据了广告支出国第四名的位置。但与美国、日本、英国这些发达国家相比,仍有较大的差距。从数值上看,中国的广告市场仅相当于美国广告市场的8.64%,相当于日本广告市场的36.08%,英国市场的67.31%。而当年中国GDP总量排名世界第三,仅次于美国和日本,当年GDP总量是美国的四分之一,超过日本的二分之一,而英国的GDP总量仅排名第五。相形之下,中国的广告支出与GDP的发展水平是不相匹配的,在一定程度上滞后于中国经济的发展,在世界广告市场上所占的比重也较小。

表3-5　2005—2008年全球10大广告支出国的市场份额对比

国家	2005年所占比例（%）	2008年所占比例（%）
美国	41.9	40.5
日本	10.3	9.7
英国	5.4	5.2
中国	2.4	3.5
俄罗斯	1.3	2.3
印度尼西亚	0.8	1.2
巴西	1.6	1.7
西班牙	2.1	2.1

国家	2005 年所占比例(%)	2008 年所占比例(%)
墨西哥	0.9	1
波兰	0.9	1

二是中国广告市场不足 1%的 GDP 占比,仍处于起飞期的发展阶段。

根据美国经济学家罗斯托的经济成长阶段理论,我们可以根据广告经营总额占国民生产总值比重大小来判断广告市场的发展程度。广告市场的发展成熟大致可以分为以下这样四个阶段:

起步期——广告经营额占 GDP 的比重在 0.5%以下;

起飞期——广告经营额占 GDP 的比重在 0.5%—1%之间;

成长期——广告经营额占 GDP 的比重在 1%—2%之间;

成熟期——广告经营额占 GDP 的比重在 2%以上。

据此,我们可以看到中国广告产业从市场初开到 1995 年,广告经营总额占 GDP 的比重均低于 0.5%,是处于广告产业起步阶段。1996 年中国广告经营总额占 GDP 的比率首次突破 0.5%,从而步入起飞期。直到 2009 年,中国广告经营总额占 GDP 的比重一直未能突破 1%,徘徊在 0.515%—0.794%之间,也就是说,从 1996 年至今的 13 年的时间里,我国广告产业一直处于起飞的初级阶段。

三是人均广告费和从业人员人均营业额偏低,中国广告业处于较低发展水平。

人均广告费用支出和从业人员人均营业额也是衡量国家广告市场发展水平的重要指标。中国广告市场远低于广告发达国家水平和世界平均水平的人均广告费,一方面反映出中国广告市场发展程度较低的现实,另一方面也体现了拥有庞大人口基数的中国广告市场有很大的潜力尚待挖掘。从业人员人均营业额显示的是产业内企业的经营水平和经营效率,中国广告市场偏低的从业人员人均营业额也反映了中国广告产业发展水平不高,效率低下的弊病。

二、中国广告产业的市场结构

市场集中度是指特定产业的生产经营集中程度,一般用该产业中最大的主要厂商所拥有的生产要素或其产销量占整个产业的比重来表示[①]。市场集中度是产业市场结构分析的重要指标,与产业绩效和效率有很重要的关联。按照产业组织理论哈佛学派的代表人贝恩(Bain)、谢勒(scherer)的观点,市场集中度越高,企业利润率越高,两者之间存在正相关性。贝恩还提出按照行业集中度指标 CRn 可将市场结构分为竞争型、低集中寡占型、中集中寡占型和高集中寡占型四种。

表 3-6　贝恩对市场结构的分类[②]

集中度 市场结构	CR4 值(%)	CR8 值(%)
寡占 I(极高寡占型)	75≤CR4	—
寡占 II(高集中寡占型)	75<CR4≤85	85≤CR8
寡占 III(中上集中寡占型)	50≤CR4<85	75≤CR8<85
寡占 IV(中下集中寡占型)	35≤CR4<50	45≤CR8<75
寡占 V(低集中寡占型)	30≤CR4<35	40≤CR8<45
竞争型(原子型)	CR4<30	CR8<40

据此对中国广告产业的市场集中度进行考察,所得数据见表 3-7:

表 3-7　1994—2008 年中国广告产业集中度

年度	广告公司经营额(万元)	C4(万元)	C8(万元)	CR4(%)	CR8(%)
1994	706013	98246	106453	13.92	15.08
1995	1071654	136871	216112	12.77	20.17
1996	1567858	198713	315328	12.67	20.11
1997	1941413	345638	505820	17.80	26.05
1998	2301138	402696	590617	17.50	25.67

---

① 邬义钧、邱钧:《产业经济学》,中国统计出版社 2001 年版,第 262 页。
② [美]J.S.贝恩:《产业组织》,哈佛大学出版社 1981 年版,第 141—148 页。

续表

年度	广告公司经营额(万元)	C4(万元)	C8(万元)	CR4(%)	CR8(%)
1999	2778129	497283	714358	17.90	25.71
2000	3177300	488032	769417	15.36	24.22
2001	3709800	495551	842452	13.36	22.71
2002	3956500	724859	1115051	18.32	28.18
2003	4448400	1021106	1507735	22.95	33.90
2004	5652956	1260766	1745965	22.30	30.89
2005	6153837	1280738	1996130	20.81	32.44
2006	6313245	1484330	2466928	23.51	39.08
2007	6884977	1701769	2866157	24.72	41.63
2008	7783289	1978992	3343157	25.43	42.95

从上面数据可以看到中国广告市场的集中度逐年提高,广告产业处于从完全竞争的原子型结构向低集中度寡占型市场结构转变的过程中,从 2007 年、2008 年的 CR8 数值可以初见这种端倪,但是结合 CR4 数值可以看出,中国广告产业更偏向于完全竞争的原子型结构,其低集中度的事实没有改变。

中国广告市场形成低集中度的市场结构主要有以下几个原因。

其一,广告产业开放之初的历史原因和文化因由。

在广告产业开放之初,由于我国特殊的经济体制,最初恢复广告服务的大多是国营企业,这些公司受制于国营体制的内在弊端,在市场经济中缺乏参与竞争的动力,尤其是用人体制的弊端更是让这些国营广告公司留不住人才,优秀的人才一旦羽翼丰满就拉走客户,与三五好友另立山头,谋求更大发展去了。20 世纪 90 年代之前以国营广告公司为主流的产业结构被 90 年代后小本运作的私营广告公司为主体的产业结构所取代,其中有着历史的原因。另外,传统的"打虎亲兄弟,上阵父子兵"、"宁为鸡头,不为凤尾"、讲究裙带关系、喜欢以小搏大等文化基因也深深地影响着广告经营者,使得私营广告公司形成了"兄弟型"、"夫妻型"的超稳定结构,这种超稳定结构对外部新鲜血液往往会有意无意的抗拒,极大阻碍了它的发展。还有一种"合伙制"的经营体制也因为中国传统文化中好面子、讲义气、重人情、轻法制等原因,在开办之初不事先规定各自的权利和义务,在越做越大后容易分崩离析,最后还是越来越小。

其二,广告产业过低的进入壁垒。

中国的广告产业进入壁垒较低,主要体现在四个方面:广告市场较早的全面开放、较低的开办成本、较低的技术壁垒、较小的地域文化壁垒。中国庞大的广告市场和较低的产业进入壁垒,吸引了多如牛毛的私营广告公司在三五万元的基础上,靠着吃定某个大客户而逐步发展成资产百万或千万左右的中小型广告公司,这些广告公司往往在完成资本原始积累后仍然维持着个人独资的资本结构,难以突破资本和规模的发展瓶颈,停留在原地不思进取。广告产业过低的进入壁垒让广告产业的发展获得了数量的大发展,却在服务质量和企业规模上没能得到应有的提高。

其三,资本市场的滞后和资本运作经验的缺乏。

中国的资本市场始于1990年12月和1991年4月沪深两地证券交易所的相继开业,是一个处于发展初期、尚不成熟的新兴市场,又因为中国的资本市场脱胎于传统的计划经济体制,在向高度市场化的市场经济迈进的转型阶段,必然受到传统的计划经济体制影响,这个过程必定是漫长而痛苦的。一方面,中国资本市场处于发展初期滞后于西方发达国家;另一方面,中国广告公司由于行业自身特征对资本的渴求也并不强烈,这样导致了中国广告公司长期以来依靠自有资本积累方式发展,对资本市场的利用和资本运作经验都很缺乏,阻碍了广告公司规模的扩张。

其四,政府对广告产业限制和引导的偏失。

中国政府对广告产业的发展的思路一直是主推欧美独立产业发展模式,对媒介广告公司和企业广告公司的发展进行限制,鼓励独立的专业广告代理公司和综合广告代理公司的发展,这在某种程度上对广告公司规模化进程起到了负面的延迟作用。日韩广告产业依附媒体和财团迅速做强做大广告公司,引领广告产业崛起的发展道路,证明了中国政府照搬欧美广告产业发展模式对广告产业进行限制和引导有所偏失,让中国广告产业错失了大型广告公司成长和孵化的时机。

三、中国广告产业的竞争状况

弱小的本土广告公司和强势的外资广告集团形成了中国广告产业以外资为主导的竞争状况。自 1985 年中日联营的天津联谊广告装饰公司在天津经济开发区挂牌成立拉开了外商投资广告业的序幕后,随着中国广告市场的进一步开放和市场经济秩序的进一步规范,跨国广告集团加快了在中国攻城略地的步伐,奥姆尼康、WPP 、IPG、阳狮、电通纷纷通过合资、并购、独资等方式占据了中国广告市场近半的市场份额。

表 3-8　五大广告集团在中国的合资公司

集团	投资方公司	国内合作对象	合资公司名称	时间	备注
奥姆尼康	BBDO	新华社下属的"中国联合广告总公司"	天联广告	1991 年	2006 年后独资
	DDB 中国公司	北京国安广告总公司	国安 DDB(北京)传媒有限公司	2006 年 6 月	
	DDB	北京新世纪广告有限公司	北京新世纪恒美广告有限公司	2001 年	
WPP	智威汤逊	北京中乔广告	智威汤逊中乔广告公司	1992 年	
	智威汤逊	旭日因赛	旭日因赛广告有限公司	2004 年 1 月	收购其 30%的股份
	智威汤逊	上海奥维思市场营销服务有限公司	上海奥维思市场营销服务有限公司	2006 年 3 月	
	奥美	上海广告公司	上海奥美	1991 年	
	奥美	福建省奥华广告公司	奥华奥美(福建)广告有限公司	2005 年 10 月	
	奥美	黑弧广告	黑弧奥美房地产整合行销传播机构	2006 年	
	奥美中国的新媒体部门	世纪华美	奥美世纪(互联网广告代理公司)	2005 年	

续表

集团	投资方公司	国内合作对象	合资公司名称	时间	备注
WPP	奥美	阳光加信	辽宁加信奥美广告有限公司	2008 年 3 月	
	电通·杨·罗必凯公司	中国国际广告公司和纽约中国贸易中心	电扬广告	1986 年	后又改名为：杨·罗必凯广告有限公司
	精信广告	中信集团属下的国安广告	精信（中国）广告有限公司	1992 年	2007 年 7 月 7 日精信广告在中国独资
	达比思		达比思（达华）广告有限公司	1993 年	
		英扬传奇	广州英扬传奇	2008 年 6 月	2008 年 6 月签署首轮备忘录
		成都阿佩克思	阿佩克思达彼思整合营销传播有限公司	2007 年 7 月	
	WPP	上海广告有限公司	上海同盟广告	2001 年 2 月	
	WPP	上海广告有限公司	上海广告有限公司	2003 年 7 月	WPP 与博报堂各有 25% 股份，东浩集团占 50% 股份
	WPP	北京华扬联众广告公司	华扬群邑（Group M Interaction）（互联网媒体互动行销公司）	2006 年 5 月	2008 年结束合作
IPG	麦肯	光明报业集团	麦肯光明广告有限公司	1991 年	
	灵狮	光明日报社	上海灵狮广告有限公司	1996 年 8 月	2006 年 3 月，"灵狮"独资
阳狮	阳狮集团	在华港资广告公司恒威	阳狮恒威广告公司	1998 年	
	李奥贝纳	韬奋基金会	上海李奥贝纳广告有限公司	1994 年	
	上海李奥贝纳		李奥贝纳黑笔广告公司	2008 年加入阳狮	
	盛世公司	中国航天工业部中国长城工业总公司	盛世长城	1992 年	

续表

集团	投资方公司	国内合作对象	合资公司名称	时间	备注
电通	电通	中国国际广告公司及民营企业大诚广告	北京电通广告有限公司	1994 年	
		北京日海广告	北京东方日海广告有限公司	1998 年 9 月	
		中国电影集团公司	中影电通太科广告	2001 年	
		分众传媒	电众数码(北京)广告有限公司	2008 年 1 月	

　　从表3-8可以看出,外资进入中国广告市场最初采取的是合资的方式,一方面是由于中国2004年前对外商独资广告公司和外资控股广告公司的限制;另一方面是欧美等跨国广告集团出于对中国政策、金融、法律法规方面的风险的考虑。可以说,即使中国广告市场在2004年前就全面开放了广告市场,跨国广告集团为了回避风险,谨慎行事,也会将合资作为熟悉中国市场之前的权宜之计。一直到2004年3月2日,《外商投资广告公司管理规定》允许外商控股不超过70%,2005年12月10日中国广告市场全面对外开放,跨国广告集团在实现了本土化的适应和改造后,为了实现利润最大化,纷纷脱离"合资"的帽子,如天联、杨·罗必凯、精信、灵狮等公司都相继选择了"独资"。至此,跨国广告集团在中国广告市场上展开了新一轮强势扩张和争夺。他们通过资本运作,将业务扩展到盈利更丰厚的非传统广告领域,对广告产业链上游和下游进行控制,并积极将业务向京沪粤之外的二、三线城市延伸。

　　从1988年到2008年中国广告公司营业额的前十名对比可以看到,1992年前中国广告市场是本土广告公司的天下,自1992年电扬广告公司踏入中国广告公司营业额第8名的序列,中国广告市场上外资广告公司的身影越来越让人无法忽视,外资广告公司在前十排名中占据了越来越重要的位置,取代了本土广告公司曾经辉煌的过往。本土广告公司无论在排名位次上,还是在营业额的数量上都远远逊于外资广告公司,外资广告公司主导中国广告市场的格局正在形成。

表 3-9　1988—2008 年中国广告公司营业额前十名对比表①

时间	本土广告公司	合资广告公司
1988	上海市广告装潢公司、上海广告公司、中国广告联合总公司、浙江国际广告公司、广州市广告公司、天津广告公司、中国环球广告公司、上海美术广告设计公司、沈阳市广告公司、东芝广告公司	
1989	上海市广告装潢公司、北京广告公司、上海广告公司、浙江国际广告公司、上海美术广告设计公司、中国广告联合总公司、齐鲁广告公司、中国环球广告公司、广州市广告公司、天津广告公司	
1990	缺	
1991	广东省广告公司、中国广告联合总公司、上海广告公司、北京广告公司、上海市广告装潢公司、广州市广告公司、上海美术广告设计公司、上海金马广告公司、北京国安广告公司、齐鲁广告公司	
1992	珠海东方广告有限公司、长城国际影视广告有限公司、中国广告联合总公司、上海广告公司、上海市广告装潢公司、广东省广告公司、北京新世纪广告有限公司、金马广告有限公司（海南）、白马广告有限公司	电扬广告公司（第 8 名）
1993	上海广告公司、上海市广告装潢公司、北京新世纪广告有限公司、广东省广告公司、中国广告联合总公司、中国国际广告公司、长城国际影视广告有限公司、海润国际广告有限公司、东方广告有限公司	盛世长城广告有限公司（第 6 名）
1994	上海广告公司、中国广告联合总公司、北京新世纪广告有限公司、北京国安广告公司、广东省广告公司、北京广告公司、中国国际广告公司	盛世长城广告有限公司（第 1 名） 精信广告有限公司（第 2 名） 麦肯·光明广告有限公司（第 8 名）

---

① 根据范鲁彬的《中国广告 30 年全数据》(中国市场出版社 2009 年版)整理。

时间	本土广告公司	合资广告公司
1995	中国广告联合总公司、长城国际影视广告有限公司、中国国际广告公司、北京广告公司、广东省广告公司	盛世长城广告有限公司（第1名）、精信广告有限公司（第2名）、上海奥美广告有限公司（第4名）、北京电通广告有限公司（第9名）、麦肯·光明广告有限公司（第10名）
1996	上海广告公司、长城国际影视广告有限公司、中国广告联合总公司、北京广告公司	盛世长城国际广告有限公司（第1名）、麦肯·光明广告有限公司（第2名）、智威汤逊—中乔广告有限公司（第3名）、上海奥美广告公司（第4名）、精信广告有限公司（第5名）、北京电通广告有限公司（第8名）
1997	中国广告联合总公司、广东省广告公司、上海广告有限公司	盛世长城国际广告有限公司（第1名）、麦肯·光明广告有限公司（第2名）、智威汤逊—中乔广告有限公司（第3名）、上海奥美广告有限公司（第4名）、精信广告有限公司（第5名）、北京电通广告有限公司（第7名）
1998	长城国际广告有限公司、中国广告联合总公司、广东省广告公司、上海广告有限公司	盛世长城国际广告有限公司（第1名）、麦肯·光明广告有限公司（第2名）、智威汤逊—中乔广告有限公司（第3名）、上海奥美广告有限公司（第4名）、精信广告有限公司（第5名）、上海灵狮广告有限公司（第9名）
1999	广东省广告公司、北京未来广告公司、上海广告有限公司、长城国际影视广告有限公司	盛世长城国际广告有限公司（第1名）、麦肯·光明广告有限公司（第2名）、智威汤逊—中乔广告有限公司（第3名）、精信广告有限公司（第4名）、上海奥美广告有限公司（第5名）、上海灵狮广告有限公司（第9名）
2000	广东省广告公司、上海广告有限公司	盛世长城国际广告有限公司（第1名）、麦肯·光明广告有限公司（第2名）、智威汤逊—中乔广告有限公司（第3名）、上海奥美广告有限公司（第4名）、达美高广告公司（第5名）、上海李奥贝纳广告有限公司（第6名）、精信广告有限公司（第9名）、上海灵狮广告有限公司（第10名）

时间	本土广告公司	合资广告公司
2001	北京未来广告公司、广东省广告公司、上海广告有限公司	盛世长城广告公司（第1名）、麦肯·光明广告公司（第2名）、北京电通广告有限公司（第3名）、上海李奥贝纳广告有限公司（第4名）、智威汤逊—中乔广告有限公司（第5名）、精信广告有限公司（第7名）上海奥美广告有限公司（第8名）、
2002	北京未来广告公司、广东省广告公司、上海广告有限公司、北京国安广告总公司	盛世长城广告公司（第1名）、麦肯·光明广告公司（第2名）、上海李奥贝纳广告有限公司（第3名）、北京电通广告有限公司（第4名）、智威汤逊—中乔广告有限公司（第5名）、上海奥美广告有限公司（第9名）
2003	北京未来广告公司、广东省广告公司	盛世长城广告公司（第1名）、麦肯·光明广告公司（第2名）、上海李奥贝纳广告有限公司（第3名）、北京电通广告有限公司（第4名）、智威汤逊—中乔广告有限公司（第4名）、上海广告有限公司（第8名）、上海灵狮广告有限公司（第9名）、上海博报堂广告有限公司（第10名）
2004	北京未来广告公司、广东省广告公司、上海中润广告公司	上海李奥贝纳广告有限公司（第1名）、盛世长城广告公司（第2名）、麦肯·光明广告公司（第3名）、北京电通广告有限公司（第4名）、上海广告有限公司（第7名）、上海灵狮广告有限公司（第9位）、TOM户外传媒集团（第10名）
2005	北京未来广告公司、广东省广告公司、大禹伟业广告（集团）公司、海南白马广告媒体投资有限公司	上海李奥贝纳广告有限公司（第1名）、盛世长城广告公司（第2名）、麦肯·光明广告公司（第3名）、北京电通广告有限公司（第4名）、智威汤逊中乔广告有限公司上海分公司（第5名）、上海广告有限公司（第8名）
2006	上海新结构广告有限公司、北京未来广告公司、广东省广告公司、分众传媒（中国）控股有限公司	上海李奥贝纳广告有限公司（第1名）、盛世长城国际广告有限公司（第2名）、麦肯·光明广告有限公司（第3名）、智威汤逊中乔上海分公司（第4名）、北京电通广告有限公司（第5名）、上海广告有限公司（第10名）

续表

时间	本土广告公司	合资广告公司
2007	分众传媒（中国）控股有限公司、北京未来广告公司、广东省广告公司、北京恒美广告有限公司上海分公司	盛世长城国际广告有限公司（第1名）、上海李奥贝纳广告有限公司（第2名）、麦肯·光明广告有限公司（第3名）、智威汤逊中乔广告有限公司上海分公司（第4名）、北京电通广告有限公司（第6名）、广东凯络广告有限公司上海分公司（第10名）
2008	分众传媒（中国）控股有限公司（第1名）、北京未来广告公司（第7名）、广东省广告公司（第8名）	麦肯·光明广告有限公司（第2名）、上海李奥贝纳广告有限公司（第3名）、智威汤逊中乔广告有限公司上海分公司（第4名）、盛世长城国际广告有限公司（第5名）、北京电通广告有限公司（第6名）、北京恒美广告公司上海分公司（第9名）、广东凯络广告有限公司上海分公司（第10名）

以 2007 年和 2008 年的排名前十的广告公司为例，2007 年营业额排名前十的广告公司中只有分众传媒、北京未来广告公司、广东省广告公司、北京恒美广告上海分公司这四家本土广告公司进入前十名序列，这四家营业额之和只占前十名总营业额的 30.8%；2007 年营业收入排名前十的广告公司中只有中航文化股份有限公司、上海美术设计公司、北京未来广告公司三家本土广告公司进入前十名序列，营业收入之和也只占前十名总营业收入的 27.1%。2008 年营业额排名前十的广告公司中也只有分众传媒、北京未来广告公司、广东省广告公司三家本土广告公司榜上有名，这三家营业额只占前十名总营业额的 30.0%；2008 年营业收入排名前十的广告公司中有五家本土广告公司，分别是分众传媒、海南白马、江苏大贺、中航文化和上海郁金香，这五家本土广告公司的营业收入之和占前十名总营业收入 73.2%。值得关注的是这五家本土广告公司都是以户外广告为主业，拥有自己的户外媒体的广告公司，这些本土的广告公司依靠媒体资源优势崛起，为本土广告公司在外资广告公司合围的竞争环境中找到了新的思路。

表 3-10　2007 年排名前 10 名广告公司营业额及营业收入①

	公司名称	营业额（万元）	公司名称	营业收入（万元）
1	盛世长城国际广告有限公司	431367	北京电通广告有限公司	79197
2	上海李奥贝纳广告有限公司	429942	上海灵狮广告有限公司	55258
3	麦肯·光明广告有限公司	423488	盛世长城国际广告有限公司	52506
4	智威汤逊—中乔广告有限公司上海分公司	416972	中航文化股份有限公司	48713
5	分众传媒（中国）控股有限公司	370051	北京三星广告有限公司	30895
6	北京电通广告有限公司	343520	上海美术设计公司	25498
7	北京未来广告公司	242817	上海旭通广告有限公司	24399
8	广东省广告股份有限公司	208000	北京未来广告公司	24040
9	北京恒美广告有限公司上海分公司	151314	旭通世纪（上海）广告有限公司	11133
10	广东凯络广告有限公司上海分公司	135097	上海博报堂广告有限公司	10410

表 3-11　2008 年排名前 10 名广告公司营业额及营业收入②

	公司名称	营业额（万元）	公司名称	营业收入（万元）
1	分众传媒（中国）控股有限公司	539570	分众传媒（中国）控股有限公司	539570
2	麦肯·光明广告有限公司	492835	海南白马广告媒体投资有限公司	110252
3	上海李奥贝纳广告有限公司	475578	北京电通广告有限公司	98168
4	智威汤逊—中乔广告有限公司上海分公司	471009	江苏大贺国际广告集团有限公司	85193
5	盛世长城国际广告有限公司	427792	盛世长城国际广告有限公司	68486
6	北京电通广告有限公司	356886	中航文化股份有限公司	66355
7	北京未来广告公司	346487	上海灵狮广告有限公司	58821

①　根据《中国广告年鉴 2008》（新华出版社 2008 年版）整理。
②　根据《中国广告年鉴 2009》（新华出版社 2009 年版）整理。

续表

	公司名称	营业额 （万元）	公司名称	营业收入 （万元）
8	广东省广告股份有限公司	233000	上海申通德高地铁广告有限公司	40804
9	北京恒美广告有限公司上海分公司	203973	上海机场德高动量广告有限公司	36713
10	广东凯络广告有限公司上海分公司	184586	上海郁金香广告传媒有限公司	28141

中国本土广告公司高度分散、弱小和泛专业化的状况基本没有改变。虽然本土广告公司在数量上、从业人员上都是可观的,但在总营业额、营业收入上和外资广告公司相比尚有差距,尤其是在从业人员人均营业额和人均利润上,更与外资广告公司有极大差距。较之跨国广告集团庞大的运作资本、专业化的服务水平、工业化的流水生产、先进的经营管理机制和丰富的运作经验,大部分本土广告公司延续着小作坊式的生产方式难以与之抗衡。

第二节　中国广告产业竞争力的分析与评价

一、中国与发达国家广告产业国际竞争力的比较分析

（一）中美广告产业竞争力之比较

美国广告产业竞争力指数为 0.79,排名第 1 位,处于竞争强优势,而中国广告产业国际竞争力指数为 0.39,排名第 5 位,处于劣势,两国之间的广告产业竞争力指数悬殊。中国广告产业竞争力整体指数不到美国的 50%。

1.中美模块竞争力指数及结构对比

中国广告产业基础竞争力指数为 0.38,在 5 个比较国家里排名第 5 位;核心竞争力指数为 0.39,排名第 5 位;环境竞争力指数为 0.45,排名第 5 位;美国广告产业基础竞争力指数为 0.88,核心竞争力指数为 0.75,环境竞争力指数为 0.62,在 5 个比较国家里均排名第 1 位。中国与美国相比较,广告产业竞争力模块指数存在较大差距:中国基础竞争力指数为美国的 43.18%,核心竞争力指数为美国的 52%,环境竞争力指数为美国的 72.58%,中国在广告产业模块竞争力远不如美国,特别是在核心竞争力模块和基础竞争力模块,中美竞争力指数悬殊。

从模块竞争力结构对比看(见图 3-1),美国广告产业竞争力的三大模块(环境、基础和核心)的指数比为:1∶1.41∶1.21,排列均居第一位,基础竞争力模块的竞争力表现突出;而中国广告产业竞争力的三大模块之间的指数比为 1∶0.84∶0.87,核心和基础模块的发展落后于环境模块,美国和中国广告产业模块竞争力结构均呈现出不协调发展的格局,有区别的是三大模块的结构发展中,中国表现最好的环境竞争力指数,在美国确是相对表现较弱的。

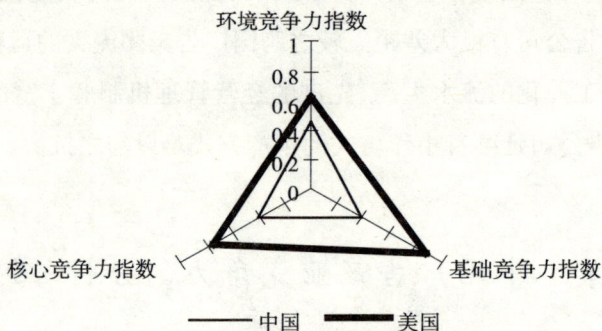

图 3-1 中美模块竞争力差距比较

2.中美要素竞争力指数与结构对比

中国广告产业宏观环境竞争力指数为 0.45,排名第 5 位;资源要素竞争力指数为 0.37,排名第 5 位;相关产业发展竞争力指数为 0.36,排名第 5 位;需求状况竞争力指数为 0.44,排名第 5 位;竞争实力竞争力指数为 0.39,排名第 5 位。美国广告产业产业宏观环境竞争力指数为 0.62,资源要素竞争力指数为 0.81,相关产业发展竞争力指数为 0.91,需求状况竞争力指数为 0.94,竞争实力竞争力指数为 0.75,各要素竞争力指数均排名第 1 位。中美竞争力要素指数同样存在较大差距:中国宏观环境竞争力指数为美国的 72.58%,资源要素竞争力指数为美国的 45.68%,相关产业发展竞争力指数为美国的

39.56%,需求状况竞争力指数为美国的46.80%,竞争实力竞争力指数为美国的52%,特别是在相关产业发展、资源要素和需求状况等要素竞争里,中美竞争力要素指数相差悬殊。

从要素竞争力结构对比来看(见图3-2),美国广告产业竞争力的五大要素(宏观环境、资源要素、相关产业发展、需求状况、竞争实力)指数之比为1:1.31:1.47:1.52:1.21,位次排列均为第一位,相关产业发展及需求状况两大要素的表现突出;而中国广告产业竞争力的五大要素之间的指数之比为1:0.82:0.8:0.98:0.87,资源要素、相关产业发展、竞争实力等要素发展均落后于宏观环境和需求状况要素的发展,中国和美国广告产业要素竞争力结构同样呈现出不协调发展的格局,在五大要素的结构发展中,中国表现最好的宏观环境指数,在美国也是相对表现较弱的。

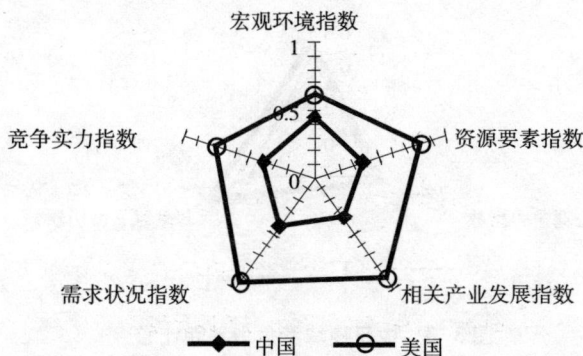

图3-2　中美要素竞争力差距比较

(二)中日广告产业国际竞争力之比较

日本广告产业国际竞争力整体指数为0.52,在5个比较国家里排名第4位,位于竞争弱优势的第二集团,中国与其相比,广告产业总竞争力的差距也有一定差距,中国广告产业竞争力总体指数是日本的75%,竞争力结构的协调性上优于日本。

1.中日模块竞争力指数与结构对比

日本广告产业环境竞争力指数为0.52,排名第4位;基础竞争力指数为0.62,排名第3位;核心竞争力指数为0.44,排名第4位。中国与日本的模块竞争力相比较也存在着很大差距:中国基础竞争力指数为日本的 61.29%,核心竞争力指数为日本的 88.64%,环境竞争力指数为日本的 86.54%,广告产业模块竞争力中国不如日本,尤其是在基础竞争力模块,中日竞争力指数存在较大的差距。

从模块竞争力结构对比看(见图 3-3),日本广告产业竞争力的三大模块(环境、基础和核心)的指数比为 1∶1.19∶0.85,排列分别为第 4、第 3 和第 4 位。基础竞争力模块优于总指数、环境竞争力和核心竞争力的发展,但模块结构发展并不协调。而中国的广告产业环境竞争力却高于总指数、基础竞争力和核心竞争力的发展,在基础和核心竞争力方面对总竞争力指数的贡献作用不明显,但模块竞争力结构发展协调性优于日本。

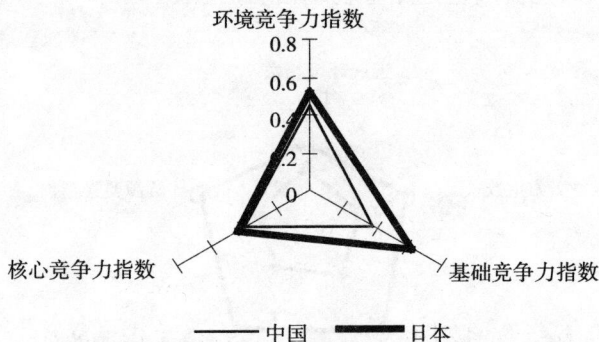

图 3-3 中日模块竞争力差距比较

2.中日要素竞争力指数与结构对比

日本广告产业宏观环境竞争力指数为 0.52,排名第 4 位;资源要素竞争力指数为 0.57,排名第 4 位;相关产业发展竞争力指数为 0.52,排名第 2 位;需求状况竞争力指数为 0.84,排名第 2 位;竞争实力竞争力指数为 0.44,排名第 4 位。中国宏观环境竞争力指数为日本的 86.54%,资源要素竞争力指数为日本的 64.91%,相关产业发展竞争力指数为日本的 69.23%,需求状况竞争力指数为日本的 52.38%,竞争实力竞争力指数为日本的 88.64%,特别在资源要素、相关产业发展和需求状况要素竞争里,中日竞争力要素指数相差悬殊。

从要素竞争力结构对比看(见图3-4),日本广告产业竞争力的五大要素(宏观环境、资源要素、相关产业发展、需求状况、竞争实力)的指数比为1:1.1:1:1.62:0.85,竞争实力指数略滞后于总指数发展,而需求状况竞争力指数则大大领先于总指数发展,其他要素竞争力发展基本协调;从要素竞争力结构看,中国广告产业的五大要素竞争力结构发展的协调性同样优于日本。

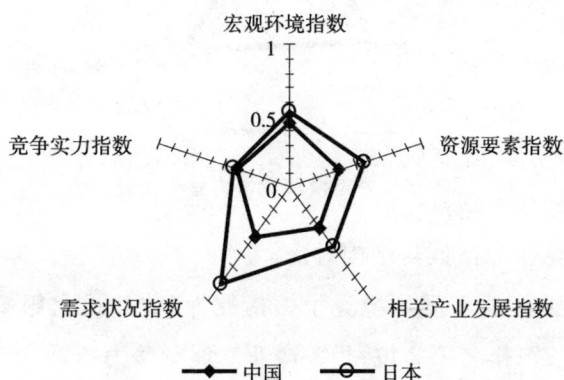

图3-4 中日要素竞争力差距比较

(三)中英广告产业国际竞争力之比较

英国广告产业总竞争力指数为0.58,在5个比较国家里排名第2位,位于竞争弱优势的第二集团,中国与其相比,广告产业总竞争力的差距也有较大差距,中国广告产业竞争力总体指数是英国的67.24%。

1.中英模块竞争力指数与结构对比

英国广告产业环境竞争力指数为0.61,排名第2位;基础竞争力指数为0.64,排名第2位;核心竞争力指数为0.52,排名第2位。中国与英国的模块竞争力相比较存在着很大差距:中国基础竞争力指数为英国的59.38%,核心竞争力指数为英国的75%,环境竞争力指数为英国的73.77%,尤其是在基础竞争力模块,中英竞争力指数存在较大的差距。

从模块竞争力结构对比看(见图3-5),英国广告产业竞争力的三大模块(环境、基础和核心)的指数比为1:1.05:0.85,为此都排列在第2位。模块竞争力结构发展最为协调。而中国的广告产业模块竞争力结构发展协调性略逊于英国。

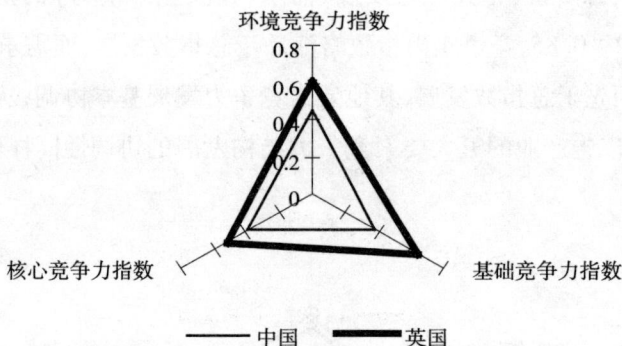

图3-5　中英模块竞争力差距比较

2.中英要素竞争力指数与结构对比

英国广告产业产业宏观环境竞争力指数为0.61,排名第2位;资源要素竞争力指数为0.77,排名第2位;相关产业发展竞争力指数为0.41,排名第3位;需求状况竞争力指数为0.78,排名第4位;竞争实力竞争力指数为0.52,排名第2位。中国宏观环境竞争力指数为英国的73.77%,资源要素竞争力指数为英国的48.05%,相关产业发展竞争力指数为英国的87.81%,需求状况竞争力指数为英国的56.41%,竞争实力竞争力指数为英国的75%,特别在资源要素、需求状况要素竞争里,中英竞争力要素指数相差悬殊。

从要素竞争力结构对比看(见图3-6),英国广告产业竞争力的五大要素(宏观环境、资源要素、相关产业发展、需求状况、竞争实力)的指数比为1∶1.26∶0.67∶1.28∶0.85,相关产业发展指数和竞争实力指数略滞后于总指数发展,而需求状况竞争力指数和资源要素竞争力指数都领先于总指数发展;从要素竞争力结构看,中国广告产业的五大要素竞争力结构发展的协调性要优于英国。

(四)中德广告产业国际竞争力之比较

德国广告产业总竞争力指数为0.53,在5个比较国家里排名第3位,位于竞争弱优势的第二集团,中国与其相比,广告产业总竞争力的差距有较大差距,中国广告产业竞争力总体指数是德国的73.59%。

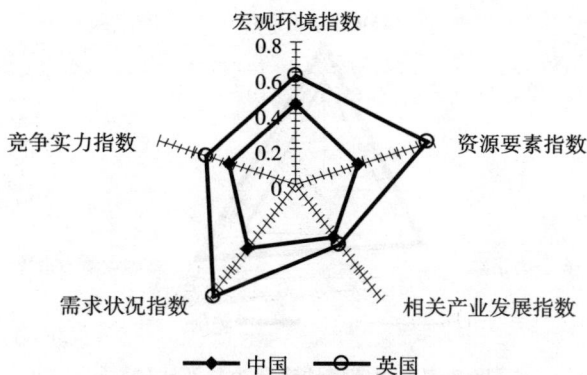

图 3-6　中英要素竞争力差距比较

1.中德模块竞争力指数与结构对比

德国广告产业环境竞争力指数为 0.59,排名第 3 位;基础竞争力指数为
0.60,排名第 4 位;核心竞争力指数为 0.47,排名第 3 位。中国与德国的模块竞
争力相比较存在着很大差距:中国基础竞争力指数为德国的 63.33%,核心竞争
力指数为德国的 82.98%,环境竞争力指数为德国的 76.27%,广告产业模块竞争
力中国不如德国,尤其是在基础竞争力模块,中德竞争力指数存在较大的差距。

从模块竞争力结构对比看(见图 3-7),德国广告产业竞争力的三大模块
(环境、基础和核心)的指数比为 1:1.02:0.8,为此分别排列在第 3 位、第 4
位、第 3 位。模块竞争力结构发展较为协调。中国的广告产业模块竞争力结
构发展协调性稍逊于德国。

2.中德要素竞争力指数与结构对比

德国广告产业宏观环境竞争力指数为 0.59,排名第 3 位;资源要素竞争
力指数为 0.67,排名第 3 位;相关产业发展竞争力指数为 0.37,排名第 4 位;
需求状况竞争力指数为 0.82,排名第 3 位;竞争实力竞争力指数为 0.47,排名
第 3 位。中国宏观环境竞争力指数为德国的 76.27%,资源要素竞争力指数为
德国的 55.22%,相关产业发展竞争力指数为德国的 97.30%,需求状况竞争
力指数为德国的 53.66%,竞争实力竞争力指数为德国的 82.98%,特别在资
源要素、需求状况要素竞争里,中德竞争力要素指数相差悬殊。

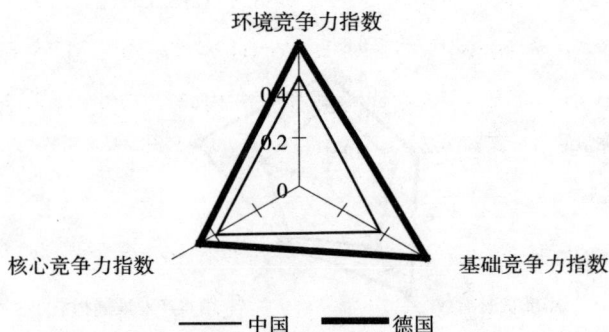

图3-7 中德模块竞争力差距比较

从要素竞争力结构对比看(图3-8),德国广告产业竞争力的五大要素(宏观环境、资源要素、相关产业发展、需求状况、竞争实力)的指数比为1:1.14:0.63:1.39:0.80,相关产业发展指数和竞争实力指数略滞后于总指数发展,而需求状况竞争力指数领先于总指数发展;从要素竞争力结构看,中国广告产业的五大要素竞争力结构发展的协调性要优于德国。

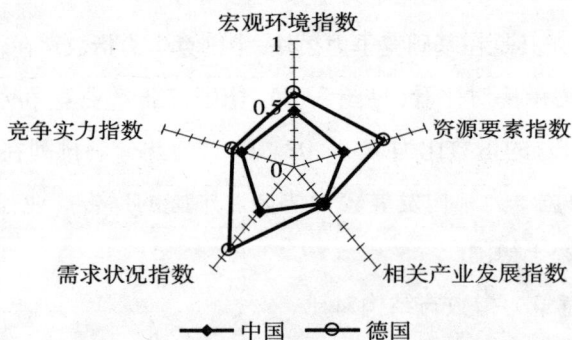

图3-8 中德要素竞争力差距比较

(五)中国与五国广告产业竞争力平均指数对比

五个对比国家的广告产业国际竞争力平均指数为0.562,中国为0.39,为平均指数的69.4%。三大模块(环境、基础和核心)5个国家的平均竞争力指数分别为0.558,0.624和0.514,中国为5个国家平均指数的80.65%、60.90%和75.88%。五大要素(宏观环境、资源要素、相关产业发展、需求状况、竞争实力)的 5 个国家平均指数为 0. 558,0. 638,0. 514,0. 764 和 0. 514;中国分别为平均指数的 80. 65%,57. 99%,70. 04%,57. 59% 和 75. 88%。即使与 5 个国家国际竞争力平均水平相比,中国的广告产业竞争力无论是整体指数还是结构指数均有差距,均处于竞争劣势的位置。

二、中国广告产业竞争力优劣势之分析与评价

根据构成五大要素的 19 个竞争面、73 个竞争力评价指标的竞争力指数及其对整体竞争力指数的贡献及中国在 5 个主要国家中的竞争力指数排名等情况分析,对中国广告产业竞争力的竞争面及其所包括的竞争点的比较优劣势作出如下分析评价。

(一)中国竞争面比较优劣势之分析与评价

中国广告产业国际竞争力整体评价处于劣势,与其他国家相比,中国广告产业竞争力竞争面的比较优势并不多,但排名比较靠前,比较劣势比较多,排名靠后(见表 3-12)。

表 3-12　中国广告产业竞争面优劣势比较

模块	优势			竞争力要素	劣势		
	竞争面	指数	位次		竞争面	指数	位次
环境竞争力				宏观环境	1.2 国家经济结构	0.40	5
					1.3 产业政策	0.32	5
基础竞争力	3.1 汽车业发展水平	0.60	2	资源要素	2.1 人力资源	0.23	5
					2.2 知识资源	0.23	5
					2.3 资本资源	0.49	5
					2.4 媒体资源	0.34	5
					2.5 客户资源	0.42	4
	3.3 纺织服装业发展水平	0.73	2	相关产业发展	3.2 食品业发展水平	0.12	5
					3.4 零售业发展水平	0.13	5
					3.5 媒体业发展水平	0.22	5
				需求状况	4.1 消费者	0.14	5
					4.2 广告主	0.73	5

模块	优势			竞争力要素	劣势		
	竞争面	指数	位次		竞争面	指数	位次
核心竞争力	5.1 产业规模	0.49	2	竞争实力	5.3 产业效益	0.16	5
					5.4 企业策略	0.28	5

中国广告产业竞争面优势项目仅有三项,其中两项为基础竞争力中的汽车业发展水平和纺织服装业发展水平,该项目竞争力指数分别为 0.60,0.73,还有一项是核心竞争力中的产业规模,该项目竞争力指数为 0.49,这三个项目的排名均为第 2 位;在环境竞争力模块中无优势项目。其他十四个竞争面均为劣势项目,排名大多处于第 5 位。

(二)中国竞争点比较优劣势之分析与评价

1.宏观环境要素

宏观环境要素中包括 2 个强优势的竞争点和 4 个劣势的竞争点(见表 3-13)。强竞争优势点是人均 GDP 增长率高、制造业占 GDP 比重高,劣势竞争点是人均 GDP 水平低,第三产业占 GDP 的比重低,广告产业政策的法律不健全,广告产业政策科学性不够。可见,中国在广告产业竞争中,宏观环境中经济结构中第三产业占比偏小、人均 GDP 偏小,产业政策缺乏科学性和系统全面性是直接导致中国广告产业的环境竞争力偏弱的因素。

表 3-13 中国广告产业宏观环境要素竞争优劣势项目比较

竞争面	强优势			弱优势			劣势		
	指标	指数	位次	指标	指数	位次	指标	指数	位次
国家经济发展水平	1.1.2 人均 GDP 增长率	1.00	1				1.1.1 人均 GDP	0.06	5
国家经济结构	1.2.2 制造业占 GDP 的比重	1.00	1				1.2.1 第三产业占 GDP 的比重	0.00	5

竞争面	强优势			弱优势			劣势		
	指标	指数	位次	指标	指数	位次	指标	指数	位次
产业政策							1.3.1 广告产业政策的法律健全性	0.31	5
							1.3.2 广告产业政策的科学性	0.32	5
项目合计	2			0			4		

2.资源要素

资源要素中包括 2 个强优势的竞争点和 21 个劣势的竞争点(见表 3-14)。强竞争优势点是中国股票市场的资本总额较高,中国进入 500 强企业的平均利润额较高,为广告产业发展提供了较大的资本市场和较优质的客户资源。劣势竞争点是中国人力资源、知识资源投入不够,资本市场的成熟程度不够,融资能力和资本的可获得性较差,媒体资源尚较落后,缺乏自有品牌的广告客户。

表 3-14 中国广告产业资源要素竞争优劣势项目比较

竞争面	强优势			弱优势			劣势		
	指标	指数	位次	指标	指数	位次	指标	指数	位次
人力资源							2.1.1 城市人口比重	0.00	5
							2.1.2 高等教育劳动力比率	0.00	5
							2.1.3 人文发展指数(HDI)	0.77	5
							2.1.4 第三产业就业率	0.00	5

续表

竞争面	强优势			弱优势			劣势		
	指标	指数	位次	指标	指数	位次	指标	指数	位次
知识资源							2.2.1 每百万人中研究人员数	0.15	5
							2.2.2 科技刊物论文发表数量	0.20	5
							2.2.3 研发经费占 GDP 的比重	0.00	5
							2.3.4 知识产权的保护得分	0.52	5
资本资源	2.3.3 股票市场资本总额	0.32	2				2.3.1 上市公司总市值占 GDP 比重	0.34	5
							2.3.2 国内上市公司数量	0.30	5
							2.3.4 当地资本市场融资能力得分	0.71	5
							2.3.5 获得贷款的容易性得分	0.49	5
							2.3.6 风险投资的可获得性得分	0.57	5
							2.3.7 金融市场成熟度得分	0.48	5
媒体资源							2.4.1 移动电话	0.37	5
							2.4.2 国际互联网用户	0.28	5
							2.4.3 人均国际互联网带宽	0.01	5
							2.4.4 日报拥有量	0.13	5
							2.4.5 电视拥有量	0.90	5

104

竞争面	强优势			弱优势			劣势		
	指标	指数	位次	指标	指数	位次	指标	指数	位次
客户资源	2.5.3 进入 500 强企业的平均利润额	1.00	1	2.5.1 国内企业进入世界 500 强比率	0.15	3	2.5.2 进入 500 强企业的平均营业额	0.74	5
							2.5.4 自有品牌的市场占有率	0.08	5
项目合计	2			1			21		

3.相关产业发展要素

从表 3-15 中可以看出,汽车产业、纺织服装业是相关产业发展竞争力的强优势竞争点,食品产业和零售业是相关产业发展竞争力中的弱优势竞争点,而与广告产业关联性较强的媒体业处于竞争劣势。

表 3-15 中国广告产业相关产业发展竞争优劣势项目比较

竞争面	强优势			弱优势			劣势		
	指标	指数	位次	指标	指数	位次	指标	指数	位次
汽车业发展水平	3.1.2 汽车生产量	1.00	1				3.1.1 汽车保有量	0.05	5
	3.1.3 汽车销售量	0.70	2						
食品业发展水平				3.2.2 食品产品年销售收入	0.23	3	3.2.1 食品饮料占制造业的比重	0.00	5
服装业发展水平	3.3.1 纺织服装占制造业的比重	0.67	2						
	3.3.2 纺织服装产品年销售收入	0.79	2						
零售业发展水平				3.4.2 零售业销售总额	0.26	3	3.4.1 国内零售企业进入全球 250 强比率	0.06	5
							3.4.3 批发贸易机动车及个人用品销售额	0.08	5

续表

竞争面	强优势			弱优势			劣势		
	指标	指数	位次	指标	指数	位次	指标	指数	位次
媒体业发展水平							3.5.1 信息化程度得分	0.73	5
							3.5.2 人均信息通讯支出	0.03	5
							3.5.3 信息通讯技术支出占GDP的比重	0.00	5
							3.5.4 媒体业年营业收入	0.17	4
							3.5.5 出版业年营业收入	0.37	4
							3.5.6 广电业年营业收入	0.13	4
							3.5.7 电影娱乐业年营业收入	0.03	5
							3.5.8 文化产业竞争力得分	0.30	5
项目合计	4			2			12		

4.需求状况要素

从表3-16中可看出,在需求状况要素里,中国在国内市场规模和国外市场规模上是强竞争优势点。而消费能力不足的消费者、数量和质量都不够的本土企业、不成熟的广告主都是阻碍广告产业竞争力提高的需求障碍。

表3-16 中国广告产业需求状况竞争优劣势项目比较

竞争面	强优势			弱优势			劣势		
	指标	指数	位次	指标	指数	位次	指标	指数	位次
消费者							4.1.1 人均国民总收入 GNI	0.06	5
							4.1.2 人均住户最终消费支出	0.02	5
							4.1.3 消费者的广告素养	0.37	5
广告主	4.2.3 国内市场规模得分（排名）	0.96	2				4.2.1 本地企业数量得分	0.83	5
	4.2.4 国外市场规模得分（排名）	1.00	1				4.2.2 本地企业质量得分	0.66	5
							4.2.5 广告主的成熟度	0.40	5
项目合计	2			0			6		

5.竞争实力要素

从表3-17中可看出，在竞争实力要素里，广告产业快速增长率和吸引FDI是强竞争优势点，而广告产业集中度低、广告产业雇员创收和利润低、资本回报率低、企业经营环境差、企业知名度低、企业创造性不足、企业市场规范程度低、创作和经营人才整体素质不高、管理水平低、广告作品国际影响力低等都是竞争劣势点。

表 3-17 中国广告产业竞争实力竞争优劣势项目比较

竞争面	强优势			弱优势			劣势		
	指标	指数	位次	指标	指数	位次	指标	指数	位次
产业规模	5.1.1 广告产业营业额占 GDP 的比重	0.54	2						
	5.1.2 广告产业增加值	0.21	2						
	5.1.3 广告产业增加值占全球广告产业的比率	0.12	2						
	5.1.4 广告产业增加值占第三产业 GDP 的比重	1.00	1						
产业结构	5.2.2FDI 营业额占总营业额的比重	0.63	1				5.2.1 广告产业集中度	0.46	5
产业效益	5.3.4 资产负债率	0.86	2				5.3.1 每名雇员创造营业收入	0.24	5
							5.3.2 每名雇员创造利润	0.02	5
							5.3.3 资产回报率	0.00	5
企业策略							5.4.1 企业经营环境	0.00	5
							5.4.2 广告企业的品牌知名度	0.28	5
							5.4.3 广告企业的创造性	0.31	5
							5.4.4 广告企业的市场规范程度	0.24	5
							5.4.5 广告创作、经营人才的总体素质	0.41	5
							5.4.6 广告企业的管理水平	0.39	5
							5.4.7 广告作品在国际上的影响力	0.22	5
项目合计	6			0			11		

综合以上五大要素分析,我国广告产业竞争的强优势点有 16 个,弱优势点有 3 个,劣势点 54 个,优劣比为 1：3.4,劣势多于优势。我国广告产业国际竞争力的优势是:经济总量、市场规模较大,增长速度较高,部分与广告相关联的产业发展较好,广告产业规模较大且对外资有吸引力等;劣势是:第三产业在国家经济结构中占比较小、广告产业政策缺失、资源要素欠缺,部分相关产业尤其是媒体产业处于弱势,人均经济水平和消费水平不高,广告需求不足,广告企业的营运基础、经营战略、竞争方式不佳,广告产业效益低下。从当前广告产业要素竞争力的分析和发展趋势看,提升我国广告产业竞争力的空间依然很大,但任重而道远。

第三节　中国广告产业竞争力预测与启示

中国广告产业竞争力的未来将如何发展? 这需要对中国广告产业的发展趋势做出模拟,对其广告产业竞争力指数做出数量预测。国际竞争力模拟预测分析是测量一国或地区竞争力发展潜能的静态分析方法。其模拟分析的基本点是在影响客观事物发展变化的各种因素中,我们假定其中的某些因素在研究期内没有变化,而另一些因素却发生了一定程度的变化,据此来考察客观事物在将来的某个时点会达到怎样的水平,呈现出怎样的发展态势①。本研究通过对中国广告产业竞争力模拟预测来考察中国广告产业竞争力的可能变化和发展趋势,从而找出提升中国广告产业竞争力的最佳途径和关键线路。

一、中国广告产业竞争力模拟预测

(一)假设一:中国广告产业竞争力劣势调整到 5 国的平均水平

通过前文分析可见,中国广告产业竞争力整体薄弱,劣势多于优势,其 54 个劣势点严重制约了中国广告产业竞争力的大小和排名。在模拟预测中,我

---

① 祁述裕:《中国文化产业国际竞争力报告》,社会科学文献出版社 2004 年版,第 38 页。

们假设这 54 个竞争点达到 5 个国家的平均水平,来考察排名情况会发生什么变化?

从表 3-18 中可以看出,对中国广告产业竞争力的劣势进行平均化调整之后,中国的广告产业竞争力整体指数由 0.39 提高至 0.64,排名提高了 3 个位次,达到这 5 个国家排名的第 2 位。从要素竞争力指数看:需求状况指数在数值上提升最大,由 0.44 提升到 0.78,但在位次上只提升了 1 个位次;宏观环境指数在位次上提高最大,由 0.45 上升到 0.78,提升了 4 个位次;资源要素指数由 0.37 提升到 0.65,是数值上提升第二大的,位次也只提升了 1 位;相关产业发展指数由 0.36 提升到 0.55,由第 5 位提升到第 2 位,上升了 3 个位次;竞争实力指数由 0.39 提升到 0.60,上升了 3 个位次。从模块竞争力指数看:环境竞争力指数由 0.45 提高到 0.78,上升了 4 个位次;基础竞争力指数从 0.38 提高到 0.65,上升了 3 个位次;核心竞争力指数从 0.39 提高 0.60,也上升了 3 个位次。

(二)假设二:中国广告产业竞争力优势调整到国际最高水平

中国广告产业的竞争力强优势点有 16 个,弱优势点有 3 个。模拟预测中假设把这 19 个强(弱)优势都调整为这 5 个国家的最高水平,而劣势并没有发生变化时,再来研究调整后的竞争力指数和排名的变动情况。

如表 3-18 所示,把中国广告产业竞争力的优势调整到国际最高水平之后,中国广告产业竞争力综合指数由 0.39 提高至 0.49,排名没有改变。从要素竞争力指数看:宏观环境指数没有改变;资源要素指数仅从 0.37 提高到 0.38,位次也没有改变;相关产业发展指数从 0.36 提高到 0.55,上升了 3 个位次;需求状况指数和竞争实力指数分别提高 0 和 0.16,竞争实力位次上升 3 位,而需求状况指数位次保持不变。从模块竞争力指数看:环境竞争力指数没有改变,基础竞争力指数提高 0.03,指数位次不变,核心竞争力指数提高 0.16,上升了 3 个位次。

(三)假设三:中国广告产业竞争力优劣势同时调整

最后假设中国广告产业竞争力的优势和劣势同时提高,如表 3-18 所提示的模拟测试结果显示:调整之后中国广告产业竞争力综合指数由 0.39 提高到0.73,排名提高了3个位次,达到这5个国家排名的第2位,与劣势单独调整后的位次一致。从要素竞争力指数看:宏观环境指数由0.45升为0.78,提高4个位次;资源要素指数的位次上升2个;相关产业发展指数上升3个位次;需求状况和竞争实力指数的位次分别上升1和4个位次。从模块竞争力指数看:核心竞争力提高最大,指数由0.39上升为0.76,提高4个位次;环境竞争力指数的位次上升4个位次;基础竞争力上升3个位次。

表3-18 中国广告产业竞争力指数和排名现状与模拟测算前后结果比较

中国广告产业		现状		劣势调整		优势调整		优劣调整	
		指数	位次（名）	指数	位次（名）	指数	位次（名）	指数	位次（名）
总竞争力		0.39	5	0.64	2	0.49	5	0.73	2
要素	宏观环境	0.45	5	0.78	1	0.45	5	0.78	1
	资源要素	0.37	5	0.65	4	0.38	5	0.67	3
	相关产业发展	0.36	5	0.55	2	0.43	3	0.63	2
	需求状况	0.44	5	0.78	4	0.44	5	0.78	4
	竞争实力	0.39	5	0.60	2	0.55	2	0.76	1
模块	环境竞争力	0.45	5	0.78	1	0.45	5	0.78	1
	基础竞争力	0.38	5	0.65	2	0.41	5	0.68	2
	核心竞争力	0.39	5	0.60	2	0.55	2	0.76	1

二、中国广告产业竞争力预测之结果与启示

通过以上调整方式的模拟预测结果分析,我们可以看出:对中国广告产业竞争力提高的影响程度上,比较劣势的调整作用要远远大于比较优势调整的作用。这有两方面原因:一是比较劣势在数量上要远大于比较优势,比较劣势有54个,强比较优势和弱比较优势只有19个,数量上的差异导致了对竞争力排名的不同影响;二是劣势项目的调整幅度要远大于优势项目,这也是劣势项目调整效果远大于优势项目调整的原因。因此,这54个比较劣势是影响中国广告产业竞争力综合排名靠后的主要原因。只要比较劣势的水平和状况普遍改善,都会使中国广告产业竞争力有较大的提高。

　　而依照中国广告产业竞争劣势调整的前后指数和位次对比可以看出，宏观环境、相关产业发展和竞争实力调整后收效最大，分别使得要素竞争力提升了4位或3位，这提示着中国广告产业要在这三个方面下工夫，才能更快速、更高效地提高中国广告产业在全球广告产业中的国际竞争力。

下编　中国广告产业竞争力提升路径

　　分析广告产业竞争力有四个层次：外部环境、内部系统、核心能力和机遇。宏观经济环境、产业结构和产业政策属于外部环境层面，在广告产业发展中属于非可控因素，因此不纳入本书讨论范围之内。内部系统层面包括媒介产业发展、其他相关产业发展、需求状况和资源要素，媒介产业发展状况和其他相关产业发展状况、需求状况也都不是广告产业所能控制的，亦不在本书探讨范畴，而资源要素若指的是产业层面的人力资源、知识资源、资本资源、媒介资源、客户资源，则反映的是产业面临的资源环境，也不能为广告产业自身所控制，排除在研究范围之外；若指的是具体的广告公司运作层面的人力资源、知识资源、资本资源、媒介资源、客户资源的获取和利用，则应作为广告产业自身发展可控因素加以讨论。国家经济结构转型、广告产业国家战略地位确立、数字媒体和整合营销发展的机遇下产业核心能力层面的竞争力提升则作为本部分的重点加以研究。

　　基于以上几点，继上编的宏观研究后，下编将落地于中国广告产业微观层面，即针对广告产业主体——广告公司自身发展可控内在因素的改进，从产业集聚、企业资源要素、企业业务转型三个层面来讨论如何改善中国广告产业高度分散、高度弱小、粗放发展、绩效低下的竞争劣势，提出中国广告产业国际竞争力提升的策略和路径。

第四章 基于产业集聚的中国广告产业竞争力的提升

第一节 规模效应和产业集聚与产业竞争力的关联分析

一、规模经济与竞争优势

规模经济的思想起源于亚当·斯密,他认为提高劳动生产率最大的原因是分工,而分工又受制于生产规模和市场需求的大小。马歇尔是明确提出"规模经济"这个概念的第一人,他认为经济效益的提高,有赖于生产规模扩大而引起的单位产品成本的下降。他指出:"劳动和资本的增加,一般导致组织的改进,而组织的改进则增大劳动和资本的使用效率。"[①]

规模经济的思想主要体现在三个层次上,即单一产品生产规模的经济性、单个厂商规模的经济性和企业组织规模的经济性[②]。规模经济的最初体现于产品生产规模的经济性上,分工和协作可以使生产者提高同一产品的生产规模,生产更多的使用价值,减少必要劳动时间;单个厂商规模的经济性指的是由生产函数和生产技术所决定的生产单一产品系列的工厂规模的合理性,厂商规模的经济性可用长期平均成本曲线表示,它描述了随着生产要素投入的

---

① 马歇尔:《经济学原理》,商务印书馆1964年版。

② F.M.歇尔:《产业市场结构和经济结果》,芝加哥:麦格纳里学院出版公司1980年版。

扩大,产量增大比例大于投入增大比例,也即大于总成本增大比例的现象,从长期平均成本曲线上看,平均成本随着产量扩大呈现下降的趋势,规模收益递增;企业组织规模的经济性指的是现代企业组织所具有的多单位企业的经济性,是更高层次的规模经济,企业组织间的结合导致了市场交易的内部化,节约了交易成本,分摊了广告费、销售费、研发费等经营管理费用,集中了资金,分散了风险,从而获得规模经济效益①。

规模经济可分为内部规模经济和外部规模经济。内部规模经济是指由于企业内部生产规模扩大而引起的生产率的提高和生产成本的下降;外部规模经济是指企业从同一产业内部其他企业的发展中获得的生产率的提高和生产成本的下降。外部规模经济还可以分为技术外部经济和货币外部经济两类,技术外部经济是指企业通过同一产业或产业中其他企业的技术外溢和从干中学获得技术和知识,从而带动生产率提高和生产成本下降;货币外部经济是指企业从同一产业或其他产业企业的聚集中获得的市场规模效应等,从而获得生产率的提高和成本的降低。②

规模经济对产业竞争优势有强大的驱动作用,主要体现在以下几个方面。

(一)规模经济有利于企业成本优势和差异优势的迅速形成

规模经济通过内部生产规模的扩大、外部技术知识外溢和产业集聚的效应,很容易获取成本优势,同时也为差异优势的形成创造了可能。规模经济所拥有的雄厚的资金可以为基础研究、新产品开发和导入提供强大的支持,并以一定的生产规模和市场容量分摊、消化这些费用,以更少的成本获得创造性的差异优势。

(二)规模经济有助于削弱竞争者威胁,强化产业整体优势

规模经济不仅有利于成本优势和差异优势的形成,也因为结构优化带来了整体竞争优势,这不仅对于同行业的竞争者是有力的武器,对于相关行业的

---

① 赵全民:《企业竞争优势的根源——规模经济及其形成机制研究》,《财经理论与实践》2007 年 5 月。

② 梁小萌:《规模经济和产业集聚及区域协调——入世后我国产业竞争优势的培育》,《改革与战略》2000 年 5 月。

竞争者也更具有主动权,更为潜在的竞争者设置了参与竞争的"进入壁垒"。规模经济所带来的竞争优势及其"进入壁垒"能够有效削弱竞争者的威胁强度,推动产业集聚度的提高和产业整体竞争优势的强化。

(三)规模经济有助于获取更有利的政策环境

规模经济的培育是国家企业改革的方向和重点,受到国家政策的鼓励。因此,国家政策会在一定程度上给予具有规模经济的企业集团较多的政策倾斜。而企业集团一旦拥有规模经济的实力,也会因为其在国民经济中的重要地位而受到国家的重视和支持,从而获取更为有利的政策环境。良好的政策环境和规模经济的发展是一体两面,相辅相成的。

(四)规模经济有利于优质品牌形象的塑造

具有规模经济的企业在市场中的"风向标"和"领头羊",以其强大的生产能力、先进的技术条件、出众的产品质量、可靠的服务和信誉成为行业优质品牌。同时,这种具有规模经济的企业由于其资金雄厚、组织庞大,自然具有强大的影响力,甚至左右了产业的发展状况。因此,具有规模优势的企业集团在优质品牌的良性效应下,对整个产业竞争优势的形成有重要的作用。

二、产业集聚与竞争优势

马歇尔认为相同或相近的企业在一定地理范围内集聚,可以使企业降低生产成本和交易费用,获得外部规模经济,从而获得竞争优势。他将产业集群的外部经济性归结为三个方面:知识的外溢、中间品的投入、熟练劳工市场。他指出在产业集群创造了一个较大的市场需求空间,对专业化产品和服务的潜在需求相应增加和提升,而产业集群内大量企业的规模生产使得技术和工艺高速发展更加专业化,两者之间形成了良性循环,将提升产业集群的整体效率。

韦伯从区位因素角度分析产业集群,认为集群内企业共同使用各种基础服务设施、公共信息资源和市场网络,共享某些辅助企业,能减少能源耗损,节约生产和运输成本,降低信息搜寻和交易成本,促进技术知识创新和交流,同时也能获得更多市场需求,获得更多发展机会。

Piore & Sabel 将产业集群的优势归于其"弹性专精"的生产方式。克鲁格曼(Krugman)认为生产经营空间格局演化的结果一般都是在某区域集聚,同时形成相应的专业化分工,并从中获取专业化利益并实现规模报酬递增优势。① 威廉姆斯从交易费用的角度提出产业集群是介于企业和市场之间最优效率的经济组织。②

波特提出了产业集聚(Cluster)的新概念,并称之为"新竞争经济学"。他认为产业集聚的效应是上下左右向四处展现的,产业集群帮助产业克服内在的惯性和僵化、破解竞争过于沉寂的危机,它会使产业不断进行多元化尝试,信息流通速度加快,新的思考观点不断冒出,而上游、下游或相关产业的扩散效益不断产生。同时,产业集群也会放大或加速国内市场竞争时生产要素的创造力,企业在彼此牵连的关系中,目标一致的投资科技、信息、基础建设和人力资源,必然会发生外溢效果。因此,波特认为产业集群的竞争力大于各个部分加起来的总和,激烈的产业竞争气氛往往会由一个产业扩散到另一个产业,激发产业的升级③。

斯托波(Storper)以实证研究证实了产业集群内企业之间的竞争和合作关系,形成了高效的专业化分工和协作网络,具有极强的内生优势。Schmitz 认为产业集群的竞争优势来源于被动的外部经济和主动的联合行动,据此他提出了集体效率模型。Stamer 产业集群所营造出的区域合作的创新环境和知识技术所涌现出的创新能力是集群竞争优势的来源。Barkley 和 Henry 则系统的总结了产业集群竞争力的来源过程:产业集群带来外部规模经济和外部范围经济,分享公共基础设施和人力资源,节约生产成本,促进企业间分工和生产的灵活性,建立信任关系和保障这种信任关系的社会制度、积累社会资本、降低交易费用、促成知识的传播和创新的扩散等。④

---

① 张国亭:《产业集群竞争优势的理论分析》,《科技致富向导》2009 年第 4 期。

② 于树江、刘静霞、李艳双:《产业集群的动力机制与竞争优势分析》,《商业时代》2010 年第 25 期。

③ 迈克尔·波特:《国家竞争优势》,李明轩、邱如美译,华夏出版社 2006 年版,第 142 页。

④ 张国亭:《产业集群竞争优势的理论分析》,《科技致富向导》2009 年第 4 期。

综上所述，可以将产业集聚和产业竞争优势之间的关联概括为以下几点。

（一）产业集聚有利于节约交易成本，提高生产效率

产业集聚区内企业由于地理上的集中，节约了包括运输成本、信息成本、寻找成本、谈判成本和执行成本在内的空间交易成本；也因为地理的临近，容易建立信誉机制和相互信赖的关系，降低了企业的贸易摩擦成本；还因为其集聚态势使得当地政府给予相关优惠政策，降低了企业的税收、土地租金等成本。这些交易成本的节约使得企业能以更好的生产效率提供产品或服务。

（二）产业集聚有利于研发和创新优势的发挥

企业的研发创新能力体现在对技术和知识的创新和使用上。一方面，产业集聚所形成的区域网络促进了产业内各主体的正式和非正式交流，尤其是某些不可编码的知识传递会因为距离的贴近而得以及时更新；另一方面，产业集聚为企业联合创新提供了氛围和机会，处于产业链上下游的企业联合创新不但能产生放大的扩散效应，也能规避和分散创新的风险。再加上高校研究机构、专业化服务机构和企业孵化机制为技术和创新的运用提供了商业化渠道，使得企业研发和创新的激情和优势更容易发挥。

（三）产业集聚有利于加剧市场竞争，加速产业升级

随着产业集聚程度的加剧，产业内部企业不得不面对越来越激烈的市场竞争。"短兵相接"的竞争模式中，企业要想生存和发展就必须依靠自身独特的资源或优势。竞争的强大推力不仅会激励企业提升综合素质和能力，还会加速产业变革和升级。正如波特在《竞争优势》一书中所说："竞争对手的确会带来威胁，然而许多行业中合适的竞争对手能够加强而不是削弱企业的竞争地位，好的竞争对手能够有助于企业增加持久的竞争优势以及改善所处的产业的结构。"①

（四）产业集聚凸显城市和区域特色，强化国家竞争优势

在产业集聚中获得的竞争优势不仅让相关产业受惠，更让本地企业以各种创新产品和服务战略，构建了抵御和防范外国竞争者的保护网，并以产业的

---

① 张元智：《产业集聚与区域竞争优势探讨》，《国际贸易问题》2001 年第 9 期。

集聚形成城市和区域特色,强化国家竞争优势。如纽约的麦迪逊大街是世界广告业的心脏,意大利的珠宝业集中于阿勒索和瓦伦查坡,日本的摩托车业、乐器业集中于滨松等。这些城市因为某些产业的集聚而举世闻名,集聚区内产业为了在激烈的竞争中保持自身优势而不断革新,活力十足,才能将缺少这种集聚优势的其他国家竞争者远远甩开。

第二节　中国广告产业集群发展现状

一、广告产业集群的概念

（一）产业集群的概念

产业集群是在某一特定领域内互相联系的、在地理位置上集中的公司和机构的集合。产业集群包括对竞争起重要作用的、相互联系的产业和其他实体,产业集群向下延伸至销售渠道和客户,从侧面扩展到辅助产品的制造商、与技能技术或投入相关的产业公司,还包括提供专业化培训、教育、信息研究和技术支持的政府和其他机构[①]。

1990 年,美国学者波特在《国家竞争优势》中正式提出"产业集群"的概念,他将产业集群定义为特定产业中相互关联的公司或机构集聚在特定地理位置的一种现象。国内外其他学者也从不同学科和不同视角各自进行了论述,普遍认为:产业集群指的是一个产业中大量企业位于同一地理区域,彼此之间存在纵向的产业链或横向的竞争互补关系,产业集群是一个包含企业、商会、协会、银行、中介机构等实体构成的有机整体,是一种新的产业组织形式和富有创新能力的社会生产系统。

（二）广告产业集群的概念

张金海、廖秉宜提出了广告产业集群的概念,即广告产业集群是大量高度专业化的广告公司和营销传播公司,以及健全的外围支持产业体系(包括大

---

① 张文忠:《产业发展和规划的理论与实践》,科学出版社 2009 年版,第 104 页。

学、科研机构、政府相关职能部门、广告行业协会、消费者协会等）在一定空间范围内的柔性集聚并结合成的一种既竞争又合作的创新型网络。①

　　在他们提出的广告产业集群的概念中明确了广告产业集群的主体是广告公司和营销传播公司，强调了包括大学、科研机构、政府相关职能部门、广告行业协会、消费者协会在内的外围支持产业体系的健全完善，并说明了广告产业集群内的企业的关系是紧密的竞争合作关系，而不是松散的广告产业集合，最后以建立创新型网络来提升广告产业集群的整体绩效。

　　广告集群各要素和关系的分布如下图所示：

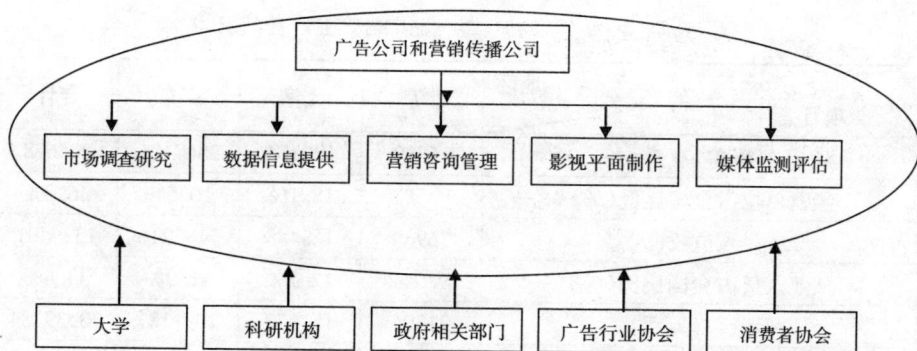

图4-1　广告产业集群要素及关系图

二、中国广告产业集聚的态势与格局

（一）中国广告产业的城市空间分布

中国广告产业集群主要集中在北京、上海、广州三地，形成了三足鼎立之势。以 2008 年和 2009 年京、沪、粤三地广告经营数据和全国广告经营数据对比可以看到，不论是经营单位数、从业人员数，还是经营额，北京、上海、广州都占据全国前三的位置。尤其是广告经营额，2008 年三地广告经营额占全国广告经营额的 50.3%，2009 年三地广告经营额占全国广告经营总额的 48.6%。

---

　　①　张金海、廖秉宜：《中国广告产业集群化发展的战略选择与制度审视》，《广告大观（理论版）》2009 年第 1 期。

表4-1 2008年京、沪、粤三地广告产业经营状况①

地区 项目	北京	上海	广东	合计
经营单位（户）	15680	30757	19004	185765
经营单位占全国比例（%）	8.4%	16.6%	10.2%	35.2%
从业人员数（人）	109838	114422	168113	1266393
从业人员占全国比例（%）	8.7%	9.0%	13.3%	31.0%
经营额（万元）	3922959	3133541	2505990	18995614
经营额占全国比例	20.7%	16.5%	13.2%	50.3%

表4-2 2009年京、沪、粤三地广告产业经营状况②

地区 项目	北京	上海	广东	合计
经营单位（户）	15389	120154	3867176	204678
经营单位占全国比例（%）	7.5%	18.1%	10.5%	36.0%
从业人员数（人）	36960	168488	3182216	1329401
从业人员占全国比例（%）	9.0%	12.7%	11.9%	33.6%
经营额（万元）	21396	157772	2691187	20039284
经营额占全国比例	19.3%	15.9%	13.4%	48.6%

另外，在2008年中国广告公司营业额前100名排序中，上榜的北京、上海、广州的广告公司占到了79%，前100名中有25家都是具有外资背景的广告公司，这些外资广告公司大多设置在北京、上海、广州三地，营业额占前100位广告公司总营业额的52%。更值得关注的是，当年全国共有广告公司117274家，这前100名广告公司经营额就占到了全年广告公司经营额的81.1%，而其他的117174家广告公司分享剩下的18.9%的市场份额，这也说明了除了京、沪、粤外的其他二线、三线城市广告公司极其弱小，广告市场发展很不成熟。

---

① 数据来源于《中国广告年鉴2009》。
② 数据来源于蔡佩爽：《2009年中国广告业统计数据报告》，《现代广告》2010年第6期。

　　中国广告产业集聚在北京、上海、广州三地有其历史和现实的原因,这三地的广告产业各具特点和优势,对整个广告产业发展和进步的拉动产生了重要的影响。北京是中国的政治文化中心,特殊的首都地位使其自然成为中外企业云集之地,再加上一大批实力雄厚的中央级媒体、部委级媒体和行业媒体,决定了北京的广告产业的发展具有不可撼动、得天独厚的优势。上海的广告产业的发达一方面缘于殖民时代历史辉煌的延续,一方面缘于其国际金融、贸易中心的国际化大都市地位。上海作为中国经济的"火车头"和外资进入中国的"桥头堡",其沿海的地理位置、繁荣的市场经济、中西融汇的文化成就了上海广告产业开放、包容、充满活力的特质。广州除了拥有沿海的地理优势外,还因为毗邻港澳地区易于吸收海外经验、先进技术和经营理念,获取了独特的信息优势。广州的广告产业自由竞争的氛围,少有权利和背景的考量,催生了一大批中小型广告公司,也成为诸如广东省广告公司之类的本土 4A 广告公司的繁荣之地。广州的广告经营单位数量、从业人员数量在全国都是最多的,甚至高于北京、上海两地之和。这在造就广州广告产业惨烈的竞争环境的同时,也让广州广告产业保持了强大的活力、顽强的生存力和灵活的应变力。

　　1.北京广告产业集群

　　北京广告产业以北京 CBD 为依托逐步形成集聚态势。北京 CBD 是集中大量金融、商业、贸易、信息及中介服务机构,拥有商务办公、酒店、公寓、娱乐等配套设施,具有完备的市政交通和通讯条件,便于开展商务活动的城市核心区①。北京 CBD 经过十多年的发展,以其独特的优势吸引了奥美、达彼思、天联、恒美、李奥贝纳、电通、麦肯光明等著名的 4A 广告公司在周边落户,形成了较有规模的国有企业、集体企业、股份合作企业、有限责任公司、股份有限公司、港澳台独资企业、港澳台合资企业、中外合资企业、外商独资企业等多种投资主体共存共发展的局面。CBD 内广告公司按其业务范围分为整合营销策划型广告公司、媒体代理型广告公司、企业形象 CIS 型广告公司、广告制作型

---

　　① 刘建一:《北京 CBD 内广告业发展研究》,《北京工商大学学报(社会科学版)》2009 年第 6 期。

广告公司等多种类型,基本涵盖了广告业所有的广告企业形态。北京广告产业集群是围绕着中央电视台、北京电视台、凤凰卫视、人民日报等大型传媒机构而形成的轮轴式的集群模式。

2.上海广告产业集群

上海广告产业的主体部分集中在浦西中心城区,实力较强的广告公司主要分布于虹口、静安、卢湾、宝山区,其中大多数集聚于静安、卢湾两个区,这主要缘于当地政府对广告业重点支持和发展的结果。上海在黄浦江和苏州河沿岸依托老厂房资源和世博会场馆建设,重点发展了媒体、动漫、游戏、广告设计等创意产业,一方面位于城市中心区便于各类城市情报的交流融汇,一方面具有历史保护价值的老厂房为广告人提供了创意的空间和平台。静安区广告产业的集聚缘于当地的电视台、报业集团资源,而卢湾区则缘于"文化卢湾"的区域定位。卢湾区是中国近代工业的发祥地,上海装备工业和轻纺企业原本聚集于此,随着政府对产业结构调整的考虑,传统制造业纷纷迁出,卢湾区政府对闲置的旧厂房、旧仓库和旧建筑进行了改造,提出了"文化卢湾"的口号,率先试点发展创意产业,并于 2003 年 7 月正式提出建设"广告湾"。"广告湾"以淮海路中心商务区为核心,吸引国内外著名的广告、传媒、公关等大型企业入驻,当地政府以房租补贴、创新奖励、大型活动经费支持、小企业担保贷款等倾向性政策和简化审批手续、规范行政行为等良好的政府服务吸引广告企业更快的集聚。"广告湾"还引进、举办区域性和国际性的广告节庆活动和广告论坛,并在文化氛围浓郁的绍兴路 23 号设置了"广告湾"俱乐部,为广告企业和广告人提供专业培训、主题交流、信息发布、展览展示、咨询服务、技术支持等服务。另外,上海嘉定工业区将于 2012 年建成中国广告产业总部基地,下设东方广告发展历史博物馆、东方消费者行为研究中心、全球创意科技培训基地、全球广告传播科技博览中心、数码动漫创意科技基地、影像广告创意科技基地等,意图打造全球领先、亚洲最大的创意科技产业基地①。

---

① 潘浩磊:《上海嘉定打造中国最大创意产业集聚区》,《广告人》2008 年 9 月。

3.广东广告产业集群

广东广告产业与北京和上海不同,由于政府介入较少一直未能形成规模集聚,多年来以自发集聚的形式呈多点散乱分布,直到近几年广东政府才开始规划当地的创意产业园区。广州市广告产业主要集聚在越秀、荔湾和天河这三个中心城区,越秀区因为历来是广州的文化中心区,也是新闻媒体高度密集和发达的地区,还拥有城市商贸中心的巨大消费市场的优势,无疑成为诸多广告企业聚集之地。天河区作为广州城市中心东移的新 CBD,一直以发展现代服务业为目标,定位于文化与科技相结合的区域性创新中心,又拥有强大的经济实力、完善的市政建设、高层次的巨大市场需求,也吸引了一批广告公司在体育西路和天河北路集聚。荔湾区则由政府支持启动了大型"岭南设计之都",致力于"中国制造"向"中国设计"、"中国创新"的转变,在荔湾区周门路规划了"广州设计港"。其中包括岭南广告湾在内一共设置了 6 个功能区,吸引了世界各国的广告设计公司和人才入驻。深圳市广告产业主要集聚在位于深圳中心的所谓"二线关"特区内部的福田区、罗湖区和南山区,这三个区的广告经营单位占深圳市广告经营单位总数的 87%,显现出广告产业集聚于商业中心和城市中心的特点。与香港接近的罗湖一带聚集着早期的广告公司,华强北、南山、宝安中心区集中了一批以招牌制作为主的中小广告公司,深圳商报和特区报附近衍生了一批媒介代理型广告公司,租金较合理的商务中心区和写字楼如国企大厦、联合广场、车公庙一带也有较多广告公司落户①。

(二)中国广告产业集群模式

中国广告产业走过了一条自发集聚到政府引导的发展之路,逐渐显现出地域性集中分布的特点。通过访谈和研究,发现中国广告产业集群主要存在如下几种模式。

1.媒介依赖型

广告公司集聚在媒体周边是中国广告产业集聚最为常见的情形之一,如

---

①　李蕾蕾、张晓东、胡灵玲:《城市广告业集群分布模式——以深圳为例》,《地理学报》2005 年第 2 期。

北京广告公司集中在朝阳区,上海广告公司集中在静安区,广州广告公司集中于越秀区。一方面是因为强势媒体衍生出很多媒体代理型广告公司,另一方面也是因为广告公司和媒体天然依存的密切关系,集聚在媒体周边更方便交流沟通、开展工作。

2.广告主主导型

广告公司对广告主贴身服务的需要导致了以广告主区位选择为依据的集聚模式。广告公司的发展趋势是与广告主建立更紧密和更长期的合作关系,正如很多跨国广告公司跟随跨国公司打进中国市场,与客户更加靠近的"贴身服务"已经越来越成为大型广告公司进行区位选择的依据。这种模式顺应了广告公司与广告主进行高度密切的人际接触的需要,以距离的贴近节约了交易成本。

3.产业关联型

广告产业是个分工高度细化的行业,产业内部可以通过垂直分离和上下游联系形成产业关联型的集群模式。产业关联型集群内的广告公司彼此之间因为长期合作,形成了比较密切和稳定的分工和交易关系,大型的广告公司会将诸如市场调查、电脑输出、后期制作等业务通过招投标的形式分包给专业的小型公司去运作,这种分包和外包的合作网络关系吸引了一批小型的广告公司进行地理上的集聚。

4.政府规划型

政府规划型的广告产业集聚在这几年发展的较快,纵观中国广告产业发展的历史可以看到,中国广告产业发展最初是自发集聚,自从"十一五规划"将创意产业提到国家经济发展的重要地位之后,政府对广告产业园区的规划也迈开了步伐。政府在对现存广告公司集聚形态考量的基础上,结合城市发展和区域规划,以各种倾向性优惠政策和支持性配套服务,吸引着广告公司更快的集聚。

5.环境氛围导向型

区域环境、创业条件及办公场所的氛围也成为广告公司集聚的很重要影响因素。北京、上海、广州等地的广告公司主要集中于 CBD 地带,其中很重要的原因就是该地区商业氛围浓厚,信息交流畅通,市政配套完善,办公环境和氛围较好。政府在规划广告产业集聚区的时候也重点考量了这个因素,这也是上海在黄浦江边、苏州河畔,广州在珠江沿岸设置广告产业集聚带的原因之一。

6.高新技术导向型

高新技术的发展使得新媒介蓬勃发展,依附于媒体的广告产业也出现了新的传播方式和途径,以新技术为载体的广告公司显现出向高新技术开发区集聚的趋势。除了北京、上海、广州开辟了新媒体创意产业园来发展网络广告、动漫广告、游戏广告等新型广告产业外,中国其他地区的广告公司也出现了在以 IT 技术为主导的高新科技园区集聚的态势,这些广告公司依托高新技术手段拓展新的广告业务。

7.成本导向型

组织简单、业务单一的中小型广告公司往往集聚于交通便利、地价较低、租金便宜的地段。这些广告公司一般从事灯箱、招牌、字画、喷绘和平面设计等后期制作,由于资金有限、利润摊薄,会对成本因素较为敏感,集聚于房租较为低廉地区的这类广告公司可以面对面的沟通交流,对彼此的创新也起到很好的促进作用。

第三节　FDI 集聚对中国广告产业竞争力的影响

国际货币基金组织对 FDI(Foreign Direct Investment)的定义是:一国的投资者将资本用于他国的生产和经营,并掌握一定经营控制权的投资行为。自1979 年中国广告市场重开之后,跨国广告集团走过了一条先合资再并购再独资的强力扩张之路。FDI 在中国最重要的北京、上海、广州三城市的集聚对中国广告产业竞争力既产生了积极的影响,也带来了很多负面因素。

一、FDI 集聚对中国广告产业竞争力的积极影响

(一)FDI 集聚带来知识、技术溢出效应

FDI 在广告产业集聚与在制造业集聚所带来的知识、技术溢出效应有很

大区别。FDI 在制造业集聚可以将高端的工艺流程的核心技术控制在本国的母公司内,而将低端的生产制造转移到他国的子公司内,两者的分离造成知识、技术溢出效应的衰减。而对于广告产业而言,一方面由于广告服务的整体性,跨国广告公司不可能将具有高附加值的现代管理方法和服务手段与具有低附加值的具体操作相分离,东道国有机会接触到最先进的管理理念和方法、操作流程和工具;另一方面由于广告服务的无形性使得服务专利保护难度极大,东道国能相对容易的借鉴和效仿其优势产品和服务。再加上广告产业集聚区内距离的接近使得不同公司之间职员的非正式沟通的频繁进行,更加加快了知识、技术溢出的速度。可见,FDI 在广告产业集聚有利于知识、技术的扩散,在一定条件下可以促进东道国广告产业竞争力的提升。

(二)FDI 集聚有利于促进广告产业转型和升级

广告产业经历了二次广告转型,第一次是由霍普金斯、李奥贝纳、奥格威等广告大师带领的"广告服务独立化和专业化转型";第二次是广告代理业向企业战略咨询和战略管理的整合营销传播延伸的"广告产业战略化转型"①。这二次转型都是由发达国家广告公司首发和先行的。尤其在正在经历着的第二次广告产业转型中涉及了广告观念、广告组织、广告业务的全面转型和升级,中国本土广告公司由于高度分散和弱小,在强势媒体和广告主的市场环境下无法形成能与之对等谈判议价的资格,实力雄厚的跨国广告公司在广告产业转型和升级中的领头地位和作用对加强中国广告产业的竞争力功不可没。

(三)FDI 集聚促进东道国广告公司整体实力的提高

在中国广告产业开放前,国有广告公司占据了中国广告市场的绝大部分市场。竞争压力的缺乏导致了中国广告行业服务水平差、效率低下,而外资广告公司的涌入改变了这种状况。进入中国广告业的外资广告公司基本上都是国际知名的广告集团,其专业的广告服务水平和先进的管理水平对国内广告公司造成了强大的竞争压力,迫使国内广告公司主动提高专业水平和服务质

---

① 张金海、黄迎新:《广告代理的危机与广告产业的升级与转型》,《广告大观综合版》2007年6月,第32页。

量,在一片"狼来了"的呼声中,中国广告公司的整体实力也在竞争效应下得到了提高。

(四)FDI集聚提高了当地广告产业劳动力素质

FDI集聚对当地广告产业劳动力素质的提高存在着直接和间接的作用:一方面,跨国广告公司比本土广告公司更多的使用资本、技术密集型的生产方式,具有更高效的广告操作流程和更先进的配套设备,这种生产方式对劳动者的技能要求更高,这就要求跨国广告公司为其员工提供更多、更好的职业技能培训;另一方面,除了专门的职业技能培训,员工也可以通过"边干边学"的方式积累丰富经验和专业能力,随着这些高技能劳动力在跨国广告公司和本土广告公司之间的流动,无疑会将先进的技能和方法转移到本土广告公司,全面提高当地广告产业劳动力的素质。

二、FDI集聚对中国广告产业竞争力的负面作用

(一)FDI集聚加重区域广告产业竞争力两级分化

FDI集聚于经济发达、媒介发达的京、广、沪三地,而在广袤的中部、西部地区分布甚少,其结果必然导致中、西部广告产业被边缘化,极化了中国广告产业竞争力的二元结构,使得中部、西部成为广告产业竞争力的"凹地"。一方面,FDI集聚在京、广、沪三地,吸引了其他地方,尤其是中、西部人力、物力和财力向三地汇集;另一方面,其他地区,尤其是中、西部地区以本土广告企业为主的集聚导向,游离于FDI的溢出效应和带动效应之外,使得集聚竞争力极低。FDI集聚在加速京、广、沪广告产业转型和升级的同时,也进一步恶化了其他地区的广告产业竞争力。

(二)FDI集聚引发广告产业竞争力安全隐患

中国广告产业的发展速度令人瞩目,其中FDI的经济贡献率占相当比例。FDI为主导带来的产业发展并没有显著提高产业的福利水平,却可能给因为这种广泛存在的依赖性使得中国广告产业发展中处处受制于人,从而削弱广告产业发展的自主性,影响广告产业竞争力的持续发展,并损害广告产业的发展后劲。跨国广告公司利用雄厚的资本实力蚕食和兼并有实力、有特点的本

土广告公司,以强大的品牌战略替代和挤出其他本土广告公司,最终将民族广告产业挤压至低附加值的环节。跨国广告公司在独资后会利用资本、品牌、技术和管理优势对中国广告产业进行更进一步的控制,甚至进而对媒介产业等其他相关产业进行产业压制,如果任其发展必将引发广告产业竞争力的安全隐患。

三、关于中国广告产业 FDI 集聚的思考

从近几年 FDI 流量、FDI 存量上看,中国 GDP 的增长对 FDI 的依存度已经远高于国际一般水平。而 FDI 集聚对产业国际竞争力既有积极影响,也有消极作用,最重要的是要控制在一个合适的比例上。从 FDI 在中国广告产业中的占有率和控制力来看,中国广告产业存在着对 FDI 依存过多,民族广告产业竞争力被替代和挤压的现象,导致了潜在风险。

FDI 集聚的意义不在于对中国广告产业发展的直接经济贡献,而在于对中国广告产业转型和升级的引领,在于知识、技术溢出效应对民族广告产业竞争力的推进。从长远和根本上看,寻求广告产业自主品牌形成的有效途径,防备民族广告产业被边缘化是中国广告产业国际竞争力提升中极其重要的课题。

第四节　基于产业集聚的中国广告产业竞争力提升对策

广告产业集群不是广告公司简单地集合在一起,而是将具有共性和互补性的广告公司结成网络状的关系,形成完整的产业链,以产生"聚变效应"。美国的麦迪逊大街、英国的伦敦苏荷村、日本东京都是广告公司聚集的地方,被称为全球三大广告中心,这三大广告中心利用人才集约、市场集约、信息集约和文化集约的优势,使得当地的广告产业保持了强大的竞争活力。

以美国的麦迪逊大街为例,这是纽约唯一的一条以美国总统的名字命名

的街道。该街最著名的是从麦迪逊大街 200 号到 650 号的一段,占这条街总长的 1/5。在这段一英里多一点的街道上是一排排平行的大楼,形成了老百姓们俗称的广告巷或溃烂的金谷,知识界人士称它为传播带。麦迪逊大街及其两边的两三个街区分布着两个美国最大的广播电视网及 50 家电台推销代表处,还有几乎所有主要杂志的广告销售中央办事处和《时代》、《生活》、《时尚》、《观察》、《麦卡尔》、《红书》、《绅士》、《小王冠》、《纽约人》、《小姐》等许多期刊的编辑部,以及 60 家全国推销代表的主要办公室,他们为近千份报纸出售广告版面。这其中还分布着广告代理公司,为客户制作、刊登广告并收取费用。美国工业企业的广告一半要由麦迪逊大街上的广告代理公司承办,而另一半广告差不多都是由纽约控制的各分公司承办。在半平方英里的麦迪逊大街上和周围地区还建起了一处全美独一无二、欧洲也是绝无仅有的优美的娱乐场所,在这里有纽约最优秀的餐馆为广告传播人提供午餐,这些餐馆风格氛围各异、价格昂贵、非常高档,成为广告传播人联系业务、招待客户和同业交流的场所①。

对于处于完全竞争的原子型市场结构的中国广告产业而言,高度分散和弱小的广告公司只有建立广告集群,通过集群内竞争与合作,实现资源的合理配置和彼此间的良性互动,才能获得与强势媒体和广告主对等的市场地位,才能实现广告产业的转型和升级,提升中国广告产业竞争力。

一、媒介地理中心的广告产业集群模式

广告产业集聚的地理区位选择应该考虑如下几点因素:其一,由于广告产业对媒介的依附性,广告产业集聚的地理区位选择要参照媒介产业集聚的地理区位;其二,由于广告产业对巨大消费需求的依赖,广告产业集聚的地理区位应设立在经济发达的地区;其三,由于广告产业对教育、文化的需求,广告产业集聚的地理区位应有较好的教育资源和文化配套。这三个因素所指的经

---

① 威雅:《颠覆广告:麦迪逊大街美国广告业发家的历程》,内蒙古人民出版社 1999 年版,第 5 页。

济、教育、文化、媒介中心共同指向的就是城市,因此,这几项重合中尤以媒介因素最为重要。广告产业集群应以媒介中心为地理区位选择的依据。

而纵观全球最重要的大众媒介的地理分布,就会发现大众媒介集中于纽约、巴黎、伦敦、东京等国际化大都市和北京、莫斯科、新德里、罗马、渥太华、曼谷、维也纳等各国首都。在中国,最有实力和影响力的各类媒介也聚集在各省市自治区的省会城市和直辖市,这几年成立的报业集团、广电集团、出版集团也大多分布在经济较为发达的省会城市或沿海开放城市。这种不约而同的选择是因为媒介中心的需要和这些大型城市的基本特征不谋而合:城市规模大、人口密度高、市场容量大,是国家物质财富的主要创造者和聚集地,是政治、经济、文化、信息和教育中心,有完善的市政设施、便捷的通讯手段、发达的交通运输和高素质的人群。正如邵培仁所说,城市是大众传播媒介坐落的最佳地理环境,是新闻和信息的生产和传播中心,城市为媒介提供充足的财力资源和广告资源,为媒介提供大量的有一定文化基础和消费能力的近程受众,城市吸纳和集中了大量训练有素的优秀媒介人才①。

中国广告产业以媒介为中心进行地理集群可以进行三个区位的选择:

1.以北京为中心的环渤海湾广告产业集群

北京、天津、河北、山东所组成的环渤海湾地区是继珠三角、长三角之后,极具增长潜力的第三大经济板块,京、津、冀三地在经济、文化和社会发展中始终有着很高的依存度和关联性,为了避免地区内产业重构而导致资源浪费和恶性竞争,加强区域间分工和协作显得尤为重要。北京作为中国的首都有着无可取代的资源优势,不仅仅是全国最重要的媒体的云集之地,也是一流高校和科研机构、全球知名企业集团总部的汇聚之所,天然具有发展广告产业的物质基础和智力条件。因此,以北京为中心的环渤海湾广告产业集群,一方面顺应了北京作为智力、信息中心的资源优势,另一方面也强化了其对周边地区广告产业发展的辐射作用。

北京朝阳区CBD就是政府批准建设的城市中心商务区,中央电视台、北

---

① 邵培仁:《论中国媒介的地理集群与能量积聚》,《新闻大学》2006年第3期。

京电视台、人民日报等大型传媒机构、已经进入中国的 167 家国际新闻机构聚集于此,近千家来自不同国家和地区的,不同利益主体的,不同类型、层次、规模、方向的传媒企业齐聚北京 CBD 地区①。由于北京 CBD 位于城市黄金地带,人流、物流、车流密集,集中了城市经济、文化、科技、商业力量,具备金融、贸易、办公、餐饮、服务、展览、咨询等多种功能,再加上北京特殊的地位和国际国内影响力,政府对 CBD 的大力投入和重点关注,使得北京 CBD 拥有广告产业集聚的最得天独厚的条件。以北京 CBD 广告集群为中心辐射环渤海湾广告产业发展无疑是占尽天时地利人和的选择。

2.以上海为中心的长三角广告产业集群

上海是中国最具有经济活力的地区,以上海为中心的长三角地区还包括江苏省的南京、苏州、无锡、常州、扬州、镇江、南通、泰州,以及浙江省的杭州、宁波、湖州、嘉兴、绍兴、舟山等共 15 个城市,该地区国土面积只占全国的 1%,却创造了全国 17.7%的国内生产总值,完成了全国 20.4%的财政收入,实现了全国 27.8%的外贸出口,人均 GDP 高达 2723 美元,是全国平均水平的 3倍②。发达的经济和强劲的活力,为长江三角洲媒介的发展提供了丰富的资源和强力的支撑,在全国已成立的媒介集团中,长江三角洲的报业集团有解放日报报业集团、文汇新民报业集团、新华日报报业集团、南京日报报业集团、苏州日报报业集团、无锡日报报业集团、浙江日报报业集团、杭州日报报业集团、宁波日报报业集团、温州日报报业集团 10 家,约占全国报业集团总量的 1/5,广播电视集团有:上海文广集团、江苏广播电视集团、南京广播电视集团、浙江广播影视集团、杭州广播电视集团、宁波广播电视集团、无锡广播电视集团 7家,约占全国广播电视集团总量的 1/3,电影集团有上海电影集团,占全国电影集团总量的 1/7,出版集团有上海世纪出版集团、浙江出版联合集团、江苏

---

①　郭媛媛:《北京 CBD 地区媒介产业集群的管理与规制》,《浙江传媒学院学报》2010 年第 1 期。

②　数据来源于中国产业集群发展报告课题组:《中国产业集群发展报告》,机械工业出版社 2009 年版,第 19 页。

出版集团三家,占全国出版集团总量的 1/8 左右①。2004 年 1 月 7 日江苏、浙江、上海的文化行政管理部门联合签署了《江、浙、沪文化市场合作与发展意向书》、《长三角区域演出市场合作与发展实施意见》,2004 年 8 月 10 日,江、浙、沪文化厅局长在上海又签署了《关于加强长三角文化合作的协议》,2005 年 6 月 12 日,新民晚报联合杭州日报、扬子晚报等 17 家报社签署了"世界第 6 城市群主流大报发展联合体"合作意向,成立了长三角主流媒体合作联盟。这些合作传达出长三角地区媒介产业集群发展的强烈讯号。以上海为"龙头",构建以上海为中心,省会城市南京、杭州为次中心的长三角广告产业集群,对于发展长三角地区广告产业,对于广告产业集群空间布局的优化都具有重要意义。

3.以广州为中心的珠三角广告产业集群

珠江三角洲包括珠江流域的广州、深圳、佛山、江门、珠海、东莞、中山、惠州、肇庆等 9 个城市,其城市规模虽然不及长江三角洲,但 2008 年珠三角 GDP 总值达到 4342.843 亿美元,占全国的 10%。广东作为中国改革开放的前沿阵地,由于与港澳临近有着明显的政策优势和区位优势。广州作为广东的省会,在 2010 年 2 月国家住房和城乡建设部发布的《全国城镇体系规划》中被确定为与北京、上海、天津、重庆并列的全国五大中心城市之一。这一战略定位设定了广州作为珠江三角洲、华南乃至全国政治、经济、文化中心的引领、辐射、集散功能。

以广州为中心建立珠三角广告产业集群是基于以下两个方面的考虑:一方面,广州的媒介产业发展较好,仅广州一地就有南方日报报业集团、羊城晚报报业集团、广州日报报业集团 3 家报业集团,还包括广东南方广播影视传媒集团、珠江电影集团、广东出版集团和家庭期刊集团等大型媒介机构。另一方面,广州作为岭南文化的中心,孕育着丰富的岭南文化传统,又包容了时代和时尚文化精华,历史文化资源优势和地缘优势给广州引领珠三角走出一条有别于香港、深圳、澳门的广告产业发展之路创造了良好的条件。

---

① 数据来源于邵培仁:《论中国媒介的地理集群与能量积聚》,《新闻大学》2006 年第 3 期。

二、政府引导的广告产业集群发展模式

产业集群的发展模式大致可以分为两种,一种是自发成长型产业集群,一种是政府规划引导型产业集群。自发成长型产业集群又被称为"原生型"产业集群,这类产业集群的出现往往是缘于区域内良好的资源条件,加上外部需求和其他条件的催生,导致当地围绕某一核心产品生产加工的企业大量出现并自发聚集而形成的,这是一种自下而上的集聚模式。政府规划引导型产业集群也被称为"园区型"产业集群,这类产业集群的产生主要是国家和当地政府根据该地的战略地位和资源条件,有针对性地进行规划,通过投资建立工业园区、产业基地和其他配套设施,进行招商引资而逐步发展形成的产业集聚模式,是一种自上而下的集群发展模式。

中国浙江的产业集群就是自发成长型产业集群的典型代表,浙江省地少人多,浙江人很早就开始走经商之路,形成了浓重的经商传统和氛围,该地区的传统工艺发达,如"日出华舍万丈绸"的绍兴、"百工之乡"的永康和拥有"奉帮裁缝"的宁波都汇集了很多能工巧匠,加上当地"宁为鸡头不为凤尾"、"功利并举"的温州文化、"永嘉文化"和吃苦耐劳的"四千精神",这传统的产业积淀、熟练的技术人才、具有创意精神和开拓意识的区域文化,成就了"一镇一品,一乡一业"的浙江"块状经济"。

对于处于完全竞争的原子型市场结构的中国广告产业来说,要想发展壮大就必须依靠广告产业集群来发展规模。在广告产业集群的形成和发展初期,由于市场机制不完善以及市场本身的缺陷,政府的规划引导作用就显得格外重要。政府的主导作用在广告产业集群的不同发展阶段会表现出不同的作用:在广告产业集群酝酿初期,政府选定有潜力的地理区位,按照广告产业发展的需要改造集群区域的环境和条件;在广告产业集群基本成型时,要注意发挥财税和金融的杠杆作用扶持广告产业的发展,并通过发展中介服务机构、行业协会等组织加强服务、监督和管理;在广告产业集群趋向成熟时,政府要根据不同广告产业集群的特点,追求品牌效应和规模效应,积极参与广告产业的国际分工和合作,在全球广告产业的格局中,找到与纽约、伦敦、东京广告产业合作和共赢的机遇,同时支持广告产业培育辐射国内外的广告产业营销网络

体系,鼓励广告服务的出口和广告产业国际化进程的加快。

三、网络化组织生存的广告产业集群模式

创新是广告产业竞争力的内核部分,对于广告公司而言体现在产品层次和制度层次上,广告公司的产品创新体现在引入新知识、新思想和新理念为广告客户提供有价值的创新服务和创意作品中,而制度创新则是在广告公司操作流程和管理运营中导入新的管理思想、方法和制度。创新的实质就是对新的知识、信息、思想、理念进行创造性的整合、建构和产出并实践的过程。

在广告产业集群中,单个的广告公司由于专业化分工的存在,所能掌握的只是与企业本身业务密切相关的局部知识和信息,无法满足企业进行产品创新和制度创新对市场整体信息和知识的渴求。因此,在广告产业集群内部必须利用地缘上的临近优势,通过建立起一些正式的契约关系或非正式的社会关系,而形成一种联系各个企业和相关机构的网络化组织。这个网络化组织是集群中各种知识和信息的载体,集群中的企业可以借助这一网络组织实现资源、信息和知识的共享,推进彼此的创新活动。

和企业发展的生命周期一样,产业集群的生命周期也可分为四个阶段:萌芽期、成长期、成熟期和衰退期。产业集群的萌芽期是指产业群从无到有并初具雏形的阶段,这一阶段集群内企业和中介机构都较少,政府大力扶持产业集聚和创新,企业之间尚未形成经常性的合作关系,网络化组织开始形成,但网络联系较弱,整个集群还处于集而不群的状态,集群的创新性较弱,创新环境尚未形成;产业集群的成长期是指在产业集群雏形的基础上,产业集群不断吸引更多企业入驻而逐渐发展壮大的阶段,这一阶段企业间分工和专业化水平进一步提高,形成了较为完备的产业链,合作竞争和创新活动频繁,政府转而投入创新软环境的建设并继续支持产业集聚,众多企业和辅助性机构开始结成创新网络,以大中型企业为核心,开展了网络化形式的合作关系,集群的创新能力大增;产业集群的成熟期是指产业集群的规模不再增长,主要以产业结构调整、区域环境创新和网络化产业结构的不断完善为主的阶段,这一阶段集群内出现一些具有强竞争力的大型企业,集群网络化组织更加成熟,集群内外

企业间高度合作不断增强创新能力,由于创新协作机制的形成,垄断优势开始显现,模仿、"搭便车"等行为出现,创新行为相对减少,创新成本增大,集群内创新能力和吸引力开始减退;产业集群的衰退期是指产业集群逐渐衰弱并走向消亡的过程,这一阶段大量的企业开始外迁,创新优势和经济活力逐渐丧失,企业间的网络化关系变得松散甚至断裂,集群内创新和学习活动急剧萎缩,集群进行创新的活力和能力不足。①

　　广告产业集群目前处于产业集群生命周期中的萌芽期,集群内广告公司之间基本上还是处于集而不群的状态。这种状态阻碍了广告产业集群创新能力的激发和广告产业竞争力的整体提升。集群内广告公司应以专业化分工与协作为前提,协同上下游和水平关联企业,发展互惠互利、优势互补、协调共生的关系,共享科研机构、金融机构、服务中介机构和政府机构提供的平台和资源,发展一个以产业关联为基础,以文化融合为区隔,以地理集聚为特征,以基础配套为支撑,以正式契约和非正式关系为连接纽带的网络化集群组织模式。

---

① 邵云飞、唐小我、陈新有:《基于网络视角的产业集群创新——创新网络结构特征对集群创新影响的理论和应用》,电子科技大学出版社 2008 年版,第 24—25 页。

第五章　基于资源要素的中国广告产业竞争力的提升

第一节　广告产业资源要素分析

波特认为,"大多数产业的竞争优势中,生产要素通常是创造得来而非自然天成的,并且会随各个国家及其产业性质而有极大的差异。因此,无论在任何时期,天然的生产要素都没有被创造、升级和专业化的人为产业条件重要"①。基于波特对资源要素的分类,结合广告产业的特点,可将与广告产业的国家竞争力相关的资源要素归纳为五类:人力资源、知识资源、资本资源、媒体资源和客户资源。这五类资源要素有两个层面:一个层面是产业层面,指的是产业发展面临的资源环境,包括国家创意人才水平、国家可利用资本资源、国家高校和研究机构发展水平、国家媒介发展水平、国家企业发展水平;一个层面是企业层面,指的是广告公司发展中所能获取和利用的人才、资本、知识技术、媒介和客户。产业层面的资源要素是广告产业发展不可控的因素,不在讨论范围之内。这里涉及的资源要素主要是针对广告公司层面而言,广告公司在发展中所能获取和利用的资源要素在广告公司的竞争优势上扮演着重要的角色。

---

① 迈克尔·波特:《国家竞争优势》,华夏出版社 2002 年版,第 70 页。

138

一、人力资源

人力资源在隶属于创意产业的广告产业中处于核心地位。在最强调"创意"并以"创意"为根本的广告公司,广告人是知识和技术的携带者,是广告创意的激发者,是广告产品的生产者,是一切广告活动的实施者。人力资源对于广告公司而言,是创意的动力和源泉,是发展和壮大的基础支撑。

广告公司的人才可以分为四类:第一类是创意人才,这类人才主要贡献思维,他们的工作是创造新观念、新技术和新的创造性内容。这类人才的供给并不主要与教育和学历水平相关,而与实际技能的运用和个人潜在创造力是否能被激发有关,他们的存在在广告产业的转型和升级中具有重要价值,但是这种人才的供给总是呈现出在地里分布上的不均衡和数量上的短缺①;第二类人才是管理人才,这类人才既通晓创意产业内容也富有经营管理经验,是广告公司中具有更高素质的精英人才;第三类是技术人才,这类人才主要从事新的信息技术在广告公司中的开发、运用和维护,他们的工作具有一定的创造性,也具有一定的机械性;第四类是一般人才,这种人才主要从事重复性的较机械的工作,员工素质要求较低,也具有较大的动态随机性。在这四类人才中第一类和第二类人才是最重要的,也通常是广告公司中最缺乏的。

二、资本资源

资本是自然资源和劳动资源的社会凝结,"市场只不过是资本的外壳,资本才是市场的真正灵魂"②。从全球几大广告集团的发展历史可以看到,广告集团的发展壮大正是利用资本市场不断地进行收购、兼并来扩张的。资本资源对于广告产业的迅速成长起着很重要的推波助澜的作用。但在不同的国家,可运用的资金总额和资本市场有很大差异,诸如信用贷款、抵押贷款、风险投资、股票债券等资本运作形式,也受到国民储蓄率和资本市场结构的影响,各个国家的情形都有所不同。虽然在金融市场日益国际化的今天,巨额资金

---

① 姚曦:《创新行为与广告公司人力资本管理》,《中国地质大学学报(社会科学版)》2009年9月。

② 阿兰·兰德尔:《资源经济学》,商务印书馆1989年版,第147页。

在国家间的流动越来越频繁,使得各国在资本资源方面的条件日趋一致,但是各国在资本资源上的实质差异仍然存在,并对广告产业的发展产生不同的效果。

三、知识资源

知识资源即一个国家在科学、技术和市场知识上的发展。从 20 世纪 40 年代就开始的信息技术革命,尤其是 80 年代兴起的新一轮科技革命,把知识资源推向了经济社会发展的潮头,知识资源正在成为全球经济发展的首要因素。人类的智慧在于不断地创新知识,这种知识可以成为生产和消费的手段和对象,因而具有资源的意义。知识资源可以保存,可以流动,具有价值和使用价值。虽然知识资源是精神财产,但经过与物结合,知识资源可以转化为物质财产,在经济领域内作为一种投资进入社会生产环节。知识资源主要存在于大学、政府科研机构、私立研究单位、政府统计部门、商业和科学期刊、市场研究报告与资料库、行业协会及其他来源[1]。

四、媒体资源

媒体是广告发布的载体和平台,媒体与广告是一对相互依存、共生共长的关系。一方面,媒体数量的多少、媒体实力的强弱、媒体影响力的大小直接决定了广告的市场总量和投放去向;另一方面,广告是媒体的重要经济来源,广告投放量的大小对媒体的生存发展有重要的作用。广告与媒体的边界将随着数字传播技术的发展进一步模糊,广告产业和媒介产业将出现融合的趋向,在这种趋势中,广告产业对媒体资源的占有和把握显得比以往任何时候都更加重要,媒体资源在广告产业的国际竞争中将扮更加重要的角色。

五、客户资源

客户是广告的发起者,是广告产业的源头,在广告产业链中处于最上游的

---

[1]　迈克尔·波特:《国家竞争优势》,华夏出版社 2002 年版,第 71 页。

位置。根据世界各国广告投放的数据显示,广告投放最多的行业集中于汽车业、食品饮料业、零售业、纺织服装业等社会消费产业。这些行业中龙头企业和优质企业就是广告业追逐的对象,是广告产业重要的客户资源。在这些行业中一个国家所处的国际分工的位置如何,优秀企业的数量多寡、实力强弱都深刻地影响着广告产业的国际竞争力状况。

第二节　资源要素与广告产业竞争力的相关分析

梳理世界著名广告集团的成长历程,可以看到两条清晰的脉络:其一,资本运作在广告集团的迅速成长和扩张中起到了非常重要的作用;其二,媒体资源是广告集团的核心资源,在广告集团参与市场竞争中有绝对优势。资本资源和媒体资源可以看做所有的资源要素中与广告产业竞争力关系最为紧密的两大要素。

一、资本资源是提升广告产业竞争力的基础资源

（一）WPP 集团崛起的启示

综观世界著名广告集团的发展历史可以发现,这些大型广告集团的发展史就是一部利用雄厚资本不断合并、收购来发展实力的扩张史。WPP 集团就是这些善于资本运作的广告集团中最为突出的优秀代表。

WPP 集团原先并不是做广告出身的,它的发展壮大得益于集团中的灵魂核心人物——马丁·索罗(Martin Sorrell),这是一个熟悉广告的资本家。做财务出身的索罗非常善于运用资本的力量,在 1986 年他就离开了当时正处于巅峰状态的盛世(Saatchi),以 67.6 万美元的价格受够了英国购物车制造公司,这个英国购物车制造公司就是 WPP 的前身。索罗从此开始了他不断并购、联合和投资各类广告公司,迅速扩张和壮大之路,也使得 WPP 在 2008 年一跃成为全球第一的传播集团。目前 WPP 旗下包括五家全球运作的全资广告代理公司——智威汤逊(JWT)、奥美(Ogilvy)、达彼思(Bates)、扬罗必凯

（Y&R）、精信（Grey），与日本排名第三的广告公司 ADK 进行战略联盟，还包括两家公关公司——伟达公关（Hill & Knowlton）、博雅公关（Burson-Marstteller），一个囊括了传立（Mindshare）、竞立（MediaCom）、迈势（MAXUS）和尚扬（Mediaedge:cia）四个媒介购买公司的专门的媒介子集团群邑（Group M），一家专门的品牌设计与服务公司——朗涛（Landor），以及囊括了艾德惠研（Oracle Added Value）、明略行（Millward Brown）、索福瑞（TNS）、国际市场研究（Research International）四个市场调查公司的市场研究子集团 Kantar①。可以说，索罗的成功很大部分归功于他成熟的资本运作经验。

1.WPP 扩张的手段和方式

WPP 扩张的手段和方式主要有三种：兼并、收购和接管。通过这三种方式对企业产权进行交易和重组，是企业在自身积累扩张之外，对外部资源进行优化配置，扩宽融资渠道和市场规模，实现低成本、高效率的集约经营。

所谓兼并，是指两个或两个以上的公司通过法定方式重组，重组后其中一个公司把其他企业并入本企业或企业集团中，而其他公司失去法人资格或改变法人实体的经济行为。

所谓收购，是指一家企业以现金、证券或其他形式购买取得另一家公司一定程度的控制权，以实现一定经济目标的经济行为。这种资本经营形式实质是经营控制权的易手，原先的投资者的法人地位虽然没有消失，却丧失了对该企业的经营控制权。

所谓接管，是指一家公司处于控股地位的股东由于出售或转让股权，或者股权持有量被他人超过而被取代的情形，公司的经营管理权被新的控股者接手。这往往意味着董事会将被改组，而职业经理人团队也会随之更换。

2.WPP 扩张的理论原因

WPP 的疯狂扩张建立在提高经营效率、降低交易成本的理论基础之上。对于企业这种经济主体而言，其本质就是追寻利润最大化，企业的并购将提高

---

① 李雨芩：《WPP 为什么成为全球第一：WPP 集团全球并购战略分析》，《广告大观（理论版）》2009 年 4 月。

运营效率,降低交易成本,从而获得更高的产出和更优的收益。

一方面,对于企业而言,通过资本运营迅速扩大规模可以带来"规模经济",即若干公司通过水平和垂直并购形成更大规模的经营实体,不仅可带来单位产品成本、物耗降低,取得"全产品生产线"的效益,还可以精简大量经营管理人员和降低营销成本,同时也可以使企业有更多的资金用于研究与开发,使其具有更强的竞争能力。WPP通过并购各种具有不同专长的传播公司,可以在最短的时间内,以最小的成本获取规模运营优势,实现资源优化配置,从而形成从前期调研,到策划创意,到后期制作,直至媒体购买发布等领域全面铺开的格局,大大提升了企业的运营效率。

另一方面,并购能以交易成本的降低来获取更大的利润。所谓交易成本是指能使市场交易顺利进行所需要的费用或支付的代价,包括寻找交易对象,签订交易合同,监督、执行和履行合同,建立保障合同顺利履行的机构所发生的费用,等等。因为市场的有限理性、投机主义、不确定性和复杂性、信息不对称等等原因,企业每一项业务都会产生搜寻成本、信息成本、议价成本、决策成本等交易成本。因此,通过并购的方式将业务"内部化"成为降低高昂交易成本的解决方法。也就是说,将本来存在于企业外部的市场,通过并购的方式在企业内部建立市场,从而降低交易成本。WPP的大举并购水平产业链和垂直产业链上的各种公司也就是机遇降低交易成本的考虑。

3.WPP扩张的现实基础

WPP利用并购来实现扩张是有其现实背景的,首先,全球并购浪潮让广告主、媒体都在规模得到了扩张,实力上得到了加强;其次,数字技术的迅速发展让广告主、广告公司和媒体发生了巨大的改变;最后,广告公司之间竞争的进一步激化也促使广告公司以规模扩张换取发展空间。这三个重要的背景正是WPP进行全球并购扩张的现实基础。

(1)全球并购浪潮让广告主和媒体在规模上的扩大和实力上的加强,进一步冲击了广告产业,使得广告公司必须以同步扩张来获取市场地位和议价能力。广告主经营规模的扩大给广告公司带来了至少两方面的影响:其一,广告主的全球化运营要求广告公司予以配合,在全球范围内为其提供整合营销传播服务;其二,广告主自身实力的进一步加强,更强化了广告主在与广告公司关系中的强势地位,使得广告主对广告公司的议价能力大大提高。在这样的情况下,广告公司必须进行同步扩张才能既满足广告主全球化营销的需要,也在与广告主的市场博弈中获取较为有利的地位。媒体之间的并购同样也使得媒体的力量越来越集中,为了拥有与媒体对等的议价能力,广告公司也只能通过加强并购壮大力量,来获得相应的市场地位。

(2)数字技术的迅速发展让广告主、广告公司和媒体都发生了巨大的变化,广告主越来越倾向于采取互动的、个性化、精准的广告投放和营销传播方式,媒体也越来越趋向于新、旧媒体的融合,这都使得传统的广告公司必须迅速进行业务转型以适应这种变化。传统的广告公司至少需要进行两个方面的转型:其一,将传统的广告业务拓展到整合营销传播领域;其二,业务从传统媒体领域拓展到新媒体领域。不论是扩展到整合营销传播领域,还是扩展到新媒体领域,最方便、最快捷、最经济的方式就是对公关、营销咨询、事件营销、展会等其他营销传播公司和新媒体公司进行兼并和收购,以资本运作来实现业务的迅速扩张,适应变化了的外部环境。

(3)广告公司之间竞争的进一步激化也促使广告公司以规模扩张换取发展空间。除了 WPP 集团以外,宏盟集团(Omnicom Group Inc)、IPG 集团(Interpublic)、阳狮集团(Publicis)等全球最大的几家广告集团纷纷以并购加强整合营销传播水平,扩张势力范围。在越来越激烈的市场竞争力中,并购不仅仅能增强广告集团的业务实力,还能获得被并购公司带来的大客户,更能通过不断的并购增强资本市场上股民和投资者的信心,获得更多的投资资本。这一举数得也是广告集团大力扩张的原因之一。

(二)中国广告产业开始重视资本资源的价值

中国广告产业利用资本市场肇始于 20 世纪 90 年代,与中国传媒产业的第一次上市高潮同步,经过十多年的发展,中国广告产业所有上市公司总市值在 2009 年年初已经达到了 960 亿元①。中国广告业进入资本市场经历了一

---

① 王禹媚:《我国广告业上市公司的发展分析》,《广告大观(理论版)》2009 年 3 月。

个逐步发展的过程,在不同的发展阶段,进入资本市场的主体有所区别,不同主体间的轮换显现了中国广告产业对资本资源的价值逐步体认的过程。

1.中国广告产业进入资本市场的阶段

依照资本市场主体的差异,可以将其划分为以下四个阶段:

第一阶段(2000年之前):传统媒体广告经营子公司上市阶段。这一阶段是随着中国传媒产业上市热潮同步来临的,主要集中于 A 股市场,以传统媒体集团下属的广告经营单位为主体。

第二阶段(2001—2004年):传统户外广告企业上市阶段。这一期间上市主体主要是传统的户外广告公司,纷纷选择在香港上市,如 2001 年经营候车厅广告的白马户外登陆香港创业板、2003 年大贺明确以广告公司的名义在香港上市等。

第三阶段(2005—2009年):户外新媒体上市阶段。这一阶段以 2005 年分众传媒在美国纳斯达克成功上市为标志,接着在 2007 年、2008 年航美和华视这两家户外新媒体广告企业相继登陆美国纳斯达克,引领了户外新媒体上市热潮。

第四阶段(2010年至今):本土服务类广告代理公司上市阶段。2010 年蓝色光标在深交所创业板上市,广东省广告公司登陆中小板,北京昌荣传播也在美国纳斯达克上市,被称为"本土广告公司的上市元年"。这里的"本土广告公司"特指的是"本土服务类广告公司"。2010 年这三家广告公司的上市对广告产业意味深长,因为这三家广告公司与前三个阶段上市的广告公司不同,前三个阶段上市的广告公司是媒介类广告公司,而这三家广告公司是服务类广告公司。以整合营销传播服务为主业的服务类广告公司的相继上市说明了中国广告产业开始逐步认识到资本市场的价值,开始尝试通过资本运营来提升竞争实力。

2.中国广告产业进入资本市场的方式

目前,中国广告产业进入资本市场的方式主要有三种:

(1)直接上市融资。这种融资方式是最快捷、有效的,广告产业的大多数公司都会采用这种方式进入资本市场。这样一方面可以直接融资,另一方面也可以提升企业的知名度。尤其像分众传媒、航美传媒、华视传媒、昌荣传播在美国纳斯达克上市,对提升企业的知名度和市场地位有很大帮助。

(2)买壳上市。这是一种间接上市的模式。透过把资产注入一间市值较低的已上市公司(壳),得到该公司一定程度的控股权,利用其上市公司地位,使母公司的资产得以上市。这种方式一般被由于各种限制不能够直接公开上市的广告公司所运用,在中国传统媒体的广告业务单位大多是通过这种方式上市的,如赛迪传媒、新华传媒、博瑞传播、华闻传媒等。

(3)上市公司投资。这种方式是由已上市的公司通过股权合作、参与经营等方式介入广告业企业,完成对广告业企业的注资。这种进入资本市场的方式在政策层面操作比较灵活,适合一些传统产业的公司依托这类产业重组,进行产业升级,如财讯传媒、北巴传媒就是这类上市方式的代表①。

(三)资本资源是迅速提升广告产业竞争力的基础资源

资本资源是迅速提升广告产业竞争力的基础资源,对广告产业的发展有着巨大的促进作用。这一点在诸如 WPP、宏盟、IPG、阳狮等世界大型广告传播集团发展壮大的历程中已经得到了验证,在中国广告产业竞争力提升的实践中也是决定性的因素。

1.整合营销和数字媒介对广告产业提出了"整合"的要求

科学进步、技术更新、生产力发展逐步瓦解了大众消费市场,各种数字新媒体的出现带来了信息传播途径的多元化,消费者媒体接触形态呈现出"碎片化"趋势。一方面,复杂的市场营销环境呼唤着各种营销工具和手段的系统化结合,以便跟随市场环境进行即时性的动态修正;另一方面,具有"生产无限、传播无限、需求接近无限"的数字媒体在表现出"个性化、去中心化"的同时,也表现出"共性化、再中心化"的一面,即数字媒体打破了时空限制为形形色色有共同喜好和需求的消费者提供了"重聚"的平台②。整合营销和数字媒介要求广告实现从简单的传播工具向集多种交流渠道和多类交流方式于一

---

① 王禹媚:《我国广告业上市公司的发展分析》,《广告大观(理论版)》2009 年 3 月。
② 黄升民、杨雪睿:《碎片化:品牌传播与大众传媒新趋势》,《现代传播》2005 年 6 月。

体的沟通平台的演化,即要求广告产业进行"整合"。

2.具有成熟资本运作经验的外资广告公司对国内广告市场形成巨大压力

具有成熟资本运作经验的外资广告公司在中国广告市场上攻城略地,在经历了业务竞争、品牌竞争之后,已经上升到资本运作的层面。为了在短期内实现本土化运营,跨国广告公司通过对有实力的本土广告公司的兼并很快在中国各个区域、各个业务领域占据优势地位。它们依靠雄厚的资本力量吸纳某些区域市场上或某些专业领域内实力最强、最有价值的广告公司,以达到迅速占领该区域市场和业务领域的目的。这些外资广告公司"由主要服务于跨国公司逐渐转为全面出击,既固守原有的跨国公司客户,也和本土广告公司争抢本地大客户;在空间上,由集中于京、沪、穗逐渐转为向二线城市全面渗透"①。这将必然造成对国内广告市场的巨大压力。

3.资本资源是广告产业迅速"整合"、提升实力的基础要素

资本资源在经济发展中是一项非常重要的生产要素,尤其当行业发展到高度竞争阶段,资本往往对提升产业竞争力,建立新的行业秩序起到调节手段和平台的作用。营销环境和媒体环境的变化要求广告产业迅速"整合",具有成熟资本运作经验的外资广告公司又给国内广告市场带来了巨大压力,中国广告产业长期以来的"低资本型广告产业发展模式"已经不能适应竞争环境的改变。只有善用资本资源,进行资本运作才能进行产业整合,改变产业结构,提升产业实力,加快产业升级。资本资源成为实现产业迅速"整合",提升产业竞争力的最为可行的工具和基础要素。

二、媒体资源是获取广告产业竞争优势的核心资源

(一)电通集团崛起的启示

日本大多数广告代理公司最初都脱胎于媒体,日本电通集团也不例外,在电通成长为全球第五大广告集团的历程中,从始至终都与媒体保持着密切的

---

① 王忆南:《正确认识代理制对我国广告业发展的积极意义》,《山东工商学院学报》第19卷第3期2005年6月。

关系,媒体资源是电通赖以生存和发展的核心资源。

1.两次转型深化了电通与媒体的关系

日本电通的发展是围绕着媒体而开展的,其间经历了两次重要转型,而这两次转型更加深化了电通与媒体的关系。

第一次转型让电通从媒体转变为媒体代理公司,电通的前身是 1901 年成立的日本电报通讯社,其主要业务是为报纸提供新闻以换取广告版面。1936年日本电报通讯社收购了同盟通讯社的广告部门,并就此改名"电通"。重组后的电通转而负责报纸的广告版面销售,并从广告主支付的广告费中提取佣金。至此,电通完成了从媒体到媒体代理公司的第一次转型。

第二次转型让电通从媒体代理公司转变为媒体伙伴,进一步加深了这种战略联盟关系。电通不仅为媒体培养人才支援其建设,还与媒体共同研究新媒体时代传统媒体广告价值的课题,并在 2002 年提出"价值创造伙伴运动",发展与广告主、媒体、消费者的合作伙伴关系,将电通定位于为提升三者价值而工作。至此,电通完成了从媒体代理到媒体战略伙伴的第二次转型。

2.广泛发展深层媒体伙伴,保障稳定的媒体资源

电通通过参股的方式成为媒体经营者,与媒体结成深层伙伴关系。电通的媒体经营范围很广泛,既包括日本富士电视台、TBS、东宝电影公司等传统媒体;也与电信企业合作,渗入数字新媒体市场;还包括公交站牌、户外广告牌、商业设施等户外媒体市场[1]。与此同时,媒体集团也参股电通,电通的主要股东中就包括时事通讯社、共同通讯社,2010 年这两大股东的持股占电通股份的 14.47%[2]。这种交叉持股的股权结构使得电通与媒体结成了一荣俱荣、一损俱损的稳定的合作互利的深层伙伴关系,从而保障了电通便利地获得稳定的媒体资源。

3.媒体购买的内部化,有效保护了本国广告公司的竞争优势

因为与媒体之间存在着深厚的渊源,日本广告公司与欧美广告公司在收

---

① 陈桂琴:《日本电通转型与我国媒体资源经营发展趋势》,《新闻爱好者》2009 年第 10 期。

② 戴绚:《日本媒体共生型广告公司的利弊两端》,《市场观察》2010 年第 10 期。

费上有很大区别。欧美广告公司创意、策划、咨询、行销、媒体购买等费用之间都有很明晰的区分，但在日本广告公司各项费用都包含在媒体手续费中，并没有明确的分开。在欧美，媒体购买公司是作为独立的公司而存在，而在日本，媒体购买是广告公司内业务的一部分，具体费用和交易情况都很不透明。这种状况虽然受到欧美的广告客户和广告公司的诟病，却也使得欧美媒体购买公司在日本难以为继，也限制了欧美广告公司在日本的发展，从而有效地保护了本国广告公司的竞争优势。

（二）中国广告产业中媒体资源优势凸显

1.掌握媒体资源的广告公司增长强劲

从中国广告公司总营业额排名来看，自2004年上海中润和TOM户外上榜前十以来，掌握媒体资源的广告公司的发展可以用"异军突起"四个字来形容。2005年，大禹伟业和海南白马晋升排名前十；2006年到2009年，分众传媒由排名第九上升到排名第一。从营业收入排名来看，2008年，营业收入排名前十的广告公司中有五家是本土广告公司，它们分别是分众传媒、海南白马、江苏大贺、中航文化和上海郁金香，这五家广告公司的营业收入之和占到了前十名总营业收入的73.2%，它们都有个共同的特点，就是都是以户外广告为主业，拥有自己的户外媒体的广告公司。从上面这些数据可以看到掌握了媒体资源的广告公司即使在竞争激烈、外资强势的环境下仍然保持了强健的增长势头，媒体资源优势已经非常明显。

2.分众传媒飞速成长的历程回溯

分众传媒是其中最突出的代表。分众传媒控股有限公司公司成立于2003年5月，涉足当时还是市场空白的商业楼宇联播网的建设与运营，在两年时间内募集到SOFT BANK日本软银、UCI维众、鼎晖国际、TDF基金、美国DFJ、WI-HARPER中经合、麦顿国际投资、美国高盛、英国3i的数千万风险投资，并于2005年7月13日在美国纳斯达克成功上市。自此，分众传媒迅速发展起来。

2004年，分众传媒将业务领域从商业楼宇拓展到高尔夫、美容美发机构。

2005年，分众传媒收购中国最大的电梯平面媒体运营商——框架传媒。

2006 年,分众传媒合并中国第二大楼宇视频媒体运营商——聚众传媒,从而以 75 个城市的覆盖度、约 98% 的市场份额进一步巩固了在楼宇电视领域的领导地位;分众传媒还在上海投放了全新的户外高清晰 LED 彩屏媒体,覆盖都市中心商务区的行进路途;分众传媒又与解放日报集团联合投资直销传播平台"解放分众直效",覆盖北京、上海、广州和深圳 800 座高端写字楼中的 15000 家公司,直接影响 150 万商务人群;分众传媒还收购了影院广告公司 ACL。

2007 年,分众传媒并购了中国最大的互联网广告或互动营销服务提供商好耶广告网络,全面进军网络广告营销市场;分众传媒还并购了卖场数字广告网络运营商玺诚传媒,通过这一交易,分众传媒进一步扩展了旗下数字广告网络在中国大型连锁超市的覆盖范围;分众传媒在美国东部时间 12 月 24 日被正式被计入纳斯达克 100 指数,成为第一个被计入纳斯达克 100 指数的中国广告传媒股。

2009 年,分众传媒分众传媒携手新浪、12580 展开三屏联动,向品牌信息综合传播平台迈进。

2010 年,分众传媒正式推出 Infosys OHH 系统,在全球率先建立户外视频媒体科学评估模型;分众传媒还推出了设备高清化、三四线城市倍增化、广告内容化、娱乐化运动。

目前,分众传媒所经营的媒体网已经覆盖 100 余个城市、数以 10 万计的终端场所,日覆盖超过 2 亿的都市主流消费人群,业已成为中国都市最主流的传媒平台之一。

3.分众传媒的成长围绕着媒体资源的核心

回溯分众传媒成长的历程可以看到,分众传媒之所以能得到这么迅速地成长,在激烈的市场竞争和外资广告公司的合围之中能够脱颖而出,完全得益于分众传媒对于"传媒资源"这个核心资源的把握。

分众传媒的成功可归为以下两点:

(1)分众传媒改变了传统的媒体观念,提出了"生活圈媒体"的概念,避开竞争扎堆的传统媒体领域,围绕着都市主流消费人群的生活轨迹打造无处不在、无时不有的数字化媒体平台,这种另辟蹊径的"创造媒体"思路是分众传媒成功的重要先机。

（2）分众传媒擅用资本,迅速扩张媒介版图,通过吸引风险投资、上市快速完成资本积聚,再通过兼并、收购等最有效率、最经济的方式不断获取新的媒体资源,扩张媒介版图,强化自身的核心优势。这种利用资本"占领媒体"的操作手段是分众传媒成功的根本保证。

不论是"创造媒体",还是"占领媒体",分众传媒的经营思想是清晰有指向的,那就是牢牢抓住"媒体资源"这个优势,通过现代公司的资本运作手段,从视频媒体到平面媒体、从商业媒体到社区媒体再到网络媒体,不断地扩张媒体版图,集聚更多的媒体资源,打造中国领先的数字化媒体集团,并以"生活圈媒体资源"为核心优势打造中国最大、实力最强的广告公司。

（三）媒体资源是获取广告产业竞争优势的核心资源

处于广告产业链中游的广告公司,在上游有客户资源,在下游有媒体资源。在这两大资源中,媒体资源对于广告产业而言是获取竞争优势的核心资源。

首先,媒体是广告发布的载体,是承载广告的通路,与广告产业的关联更为紧密。

其次,媒体资源较之客户资源更为稀缺,尤其是具有事业单位和企业运营双重属性的中国媒体,在扮演着党和政府的喉舌功能的同时,也获得了比其他行业更高的政策壁垒的保护。这不仅仅体现在媒体资源的垄断上,也体现在政策引导下媒体力量的愈加集中和增强。

最后,媒体资源与客户资源相比较,更容易整合和开发。一方面,客户资源较为分散也较不容易掌控,而媒体资源相对而言更为集中,更容易整合;另一方面,新的媒体资源有较大的开发空间,诸如户外媒体、商务媒体、影院媒体、社区媒体、网络媒体等新媒体的自主开发能扩展出新的广告空间。

在今后相当长的一个时期内,传统媒体将与数字新媒体共同存在于市场,两者之间不可能完全相互取代,却存在着相互融合和接近的趋势。在媒介产业自身进行着新旧的共融的同时,也与广告产业渐渐模糊了边界。在这样的媒体环境中,对于媒体的掌控成为广告产业生存和发展的核心要素。这一点已经体现在外资广告公司不断的收购本土媒体广告公司和进行大批量媒体购买的操作中,也体现在分时传媒、江苏大贺、海南白马等中国本土媒体广告公司迅速成长的现实中。可见,广告行业的脉搏将逐渐转由手中握有媒体资源的广告公司所掌控,"媒体资源"成为广告产业竞争力的核心资源将改变我们对于广告产业的常规认识,也将给广告产业带来革命性的变革。

第三节 基于资源要素的广告产业
竞争力提升路径

人力资源、资本资源、知识资源、媒体资源、客户资源构成了提升广告产业竞争力所必需的五大资源要素。在这五大资源要素中,媒体资源是核心资源;资本资源是基础资源;人力资源和知识资源提供智力支持,也属于基础资源;客户资源则是广告产业要追逐的对象。这五大资源之间的关系可以图示如下:

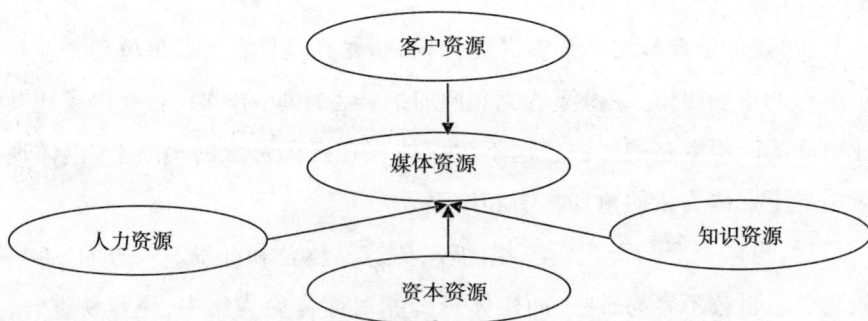

图 5-1 广告产业竞争力资源要素关系图

广告产业竞争力的提升应以资本资源为纲实现规模的扩张,以媒体资源为核掌控全局,吸引和稳固客户资源,在人力资源和知识资源提供的智力支持下,实现广告产业的健康良性增长,提升广告产业的市场地位。

一、以资本资源为纽带壮大规模

资本运作是为了改变中国广告产业极度分散和弱小的状态,以规模的迅速扩张获取更多的资源和发展空间。由于中国广告市场发展得较为晚近,因为各种历史和现实的原因,中国广告市场长期处于低成本运行和低资本进入的状态。即使在一线城市的广告市场,也只有很少量的广告公司稍具规模,在广泛的二、三线城市大多数广告公司都处于实力非常弱小的状态。

这种状态一方面源于社会上长期存在着的一种将广告业视为"空手套白狼"的行业的思想,认为广告行业是"无本生意",这种社会成见阻碍了广告产业资本运作的进程;一方面也源于在市场刚起步时就遭到外资广告公司的合围夹攻,本土广告公司发展空间受到极大挤压,原始积累很难完成,资本运作自然无从谈起。

在外资广告公司进入中国广告市场之前,采取低成本、小投入的作坊式广告经营或许还能生存下去。但在外资广告公司进入之后,外资广告公司纷纷通过成熟的资本运作不断地抢占市场空间和各种资源,本土广告公司再采用这种"低资本型发展模式"恐怕就不可避免被边缘化、被淘汰的结局。

(一)资本运作在广告产业发展中的重要意义

世界广告产业的发展史就是广告集团不断兼并和收购的扩张史,也是一部资本与广告的恋爱史。"资本爱上广告,是广告业的幸事,它说明了广告的魅力;资本爱上广告,也是广告业的不幸,因为资本不看创意,它只以金钱论英雄。资本爱上广告,爱的结晶也许是猜疑、怨恨,也许双方会同床异梦,也许最终会分道扬镳。但是,广告与资本相爱,是广告脱离作为无聊的文字游戏、艺术家的鉴赏品,而成为一个成熟产业的重要标志"[①]。

所谓资本运作,又称资本运营、资本经营,是指利用市场法则,通过资本本身的技巧性运作或资本的科学运动,实现价值增值、效益增长的一种经营方式。主要包括发行股票、发行债券、配股、增发新股、转让股权、派送红股、转增股本、股权回购,企业的合并、托管、收购、兼并、分立以及风险投资等行为。

资本运作是企业整合资源的法宝。资本运作是将企业内部的现有资源与

---

① 冯广超:《当资本爱上广告——国际广告集团发展启示录》,《广告大观》2004 年第 5 期。

外部可获取的资源进行重新整合、配置,通过兼并、收购、重组或分离等各种整合手段,为企业获取新的有价值的资源,优化资源结构、增强经营能力。

资本运作是企业发展壮大的捷径。资本运作也是企业快速实现自身价值的利器,资本运作还具有将未来的潜力转变为现实的能力、把梦想变为现实这一重要功能。尤其在正处于转型变革时期的中国社会,常常会涌现出一些令人意想不到的机遇,资本运作对于企业尽快地把握机遇,以时间换空间,实现跨越式发展是很重要的捷径。

通过资本市场筹措资金可以给企业带来以下好处。

1.取得固定融资渠道,获得创业资本和持续发展资本

公司可以通过上市解决企业发展所需要的资金,由于发行股票筹措资金具有永久性,无需到期偿还,企业可以获得维持公司长期发展的稳定的融资渠道,并借此可以形成良性的资金循环。企业在资本市场上可以通过吸引风险投资获得创业资本,也可以通过上市筹集的资本,帮助企业实现行业内扩展或跨行业发展,或者帮助企业在市场情况不景气或突发情况时及时进行业务调整或转型而不至于出现经营困难。

2.减轻财务负担,优化资本结构,降低融资成本

公司的净资产通过公开上市而大大增加,企业的资产负债比例随之下降,使得公司的财务风险大大减弱,不但优化了企业的资本结构,而且也增强了企业的举债能力。这一方面能使企业从传统的金融机构获得低成本的资金,另一方面如果公司的股票在二级市场表现良好,那么公司在二次融资中只需出让更少的股权便可以取得与首次公开发行时一样多的资金。企业增加后续融资的可能性更大,融资成本也得以降低。

3.规范管理体制和财务体制

上市公司与非上市公司相比在管理体制和财务体制上都更加规范和严格。首先,上市公司必须是股份有限责任公司,具有股份有限公司的一般特点,如股东承担有限责任,拥有所有权和经营权,股东通过选举董事会和投票参与公司决策等;其次,公司股本总额不得少于人民币3000万元,公开发行的股份应占公司股份总数的25%以上;股本总额超过4亿元的,向社会公开发行

的比例应在 10% 以上;再次,上市公司相对于非上市股份公司对财务披露要求更为严格;最后,上市公司和非上市公司之间的问责制度也不一样。因此,上市可以规范公司原来不规范的运作和管理,完善公司的治理结构,提升公司的管理水平,为企业长远健康发展奠定制度基础。

4.增加知名度和品牌形象

公司上市有利于增加知名度和提升公司形象。企业股票上市,必须经过证监会严格审核,这无疑将提升上市公司在社会上的认知度,带来良好的声誉。而媒体给予一家上市公司的关注会远远高于一般的非上市公司,媒体报道对扩大公司的知名度、提高公司的市场地位和影响力也有很大的推动作用。再加上数以千计的证券投资者的关注,也将提升公司在潜在客户、供应商或者其他业务伙伴心目中的地位。难怪在江苏大贺上市后,贺超兵最兴奋的不是"资金"的问题,而是对企业知名度的提高①。

5.取得更多的"政策优惠"和竞争地位

上市公司可以获得更强的政治影响力和随之而来的政策优势。上市公司在社会上的声誉要比一般的公司要高,一旦政府的立法及相关规划影响到了公司的经营发展,分布在全国各地的社会公众股东就可能出面干涉,这种干涉的作用有时是巨大的,可以为企业获取更多的"政策优惠"。另外,在产业竞争中,上市一方面可以支持企业更高速地成长以取得在同行业领先的时机;另一方面,在同行竞争者均已上市的情况下,也可以以充足资本与竞争对手对抗,在竞争中保有一定的地位。

（二）中国广告公司资本运作模式选择

资本运作模式可以分为扩张型资本运作和收缩型资本运作。所谓扩张型资本运作,就是通过内部积累、追加投资、吸纳外部资源等兼并或收购的方式,实现企业资本规模的扩大,具体可分为纵向型资本运作、横向型资本运作和混合型资本运作。所谓收缩型资本运作,就是将企业的一部分资产、子公司、内部某一部门或分支机构转移到公司之外,缩小公司规模,目的是通过对公司主

---

① 《大贺:资本运作做大广告业》,《广告大观》2003 年第 11 期。

营业务范围的重组来获得企业价值最大化和企业运行效率的提高,具体可分为资产剥离、公司分立、分拆上市、股份回购等。根据中国广告公司发展的不同程度,可以选择不同的资本运作模式。

1.强势广告公司的资本运作模式

强势广告公司指的是在广告市场中市场占有率高、规模大、竞争力强的广告公司。这类广告公司可以采用横向资本扩张、纵向资本扩张或混合资本扩张的方式进行扩张型资本运作。

横向资本扩张是指在同一产业或部门内部进行的产权交易。这种扩张方式可以减少市场上竞争者的数量,强化扩张企业的市场支配地位,改善产业组织结构,也解决了市场有限容量和企业生产能力不断扩大之间的矛盾。

纵向资本扩张是指处于产业链不同环节的行业或部门之间,有直接关系的投入产出关系的企业之间的产权交易。这种扩张方式将关键性的投入产出关系纳入到自己的控制范围之内,通过对产业链上游和下游的控制来提高对市场的掌控力。

混合资本扩张是指没有直接投入产出关系和技术经济联系的企业之间的产权交易。这种扩张方式是企业为了分散风险,提高市场适应能力和灵活性而实施的,其目的是为了进行多元化经营。

强势广告公司可以通过公开发行股票募集社会闲散资本;也可以通过购买、承债、控股、杠杆等方式实施对弱势广告公司的并购;还可以采用合资、独资、跨国并购、海外上市等方式进行跨国投资经营,在海外设立公司,利用国外的资本和生产要素,提升公司在国际市场上的竞争实力。

2.强中有弱广告公司的资本运作模式

强中有弱的广告公司指的是在广告市场中市场占有率较高、规模较大、有一定竞争实力的广告公司,这种广告公司通常有一部分利润较高、竞争力较强的核心业务,也有一部分利润较小、贡献较小的其他业务。在这类广告公司进行资本运作的时候,可以采用收缩型的资本运作模式,即收缩利润小、贡献小、与核心业务没有协同或很少协同的其他业务,将资源转移到利润较高、竞争力较强的核心业务上来,集中全力重点开发和发展核心业务。主要方法包括资产剥离、公司分立、分拆上市、股份回购。

资产剥离就是将一部分不符合企业发展目标的资产出售给第三方,这些资产可以是固定资产、流动资产,也可以是整个子公司或分公司。这种资本运作方式一般出现在行业竞争激烈,公司急需收缩产业战线的情况下,对不良资产的剥离将改善公司财务状况,保证其他业务板块更好发展。

公司分立是指公司将其某一子公司的全部股份,按比例分配给母公司的股东,从而在法律和组织上将子公司的经营从母公司的经营中分离出去。这种资本运作方式将形成一个与母公司有相同股东和股权结构的新公司。分立过程中不存在股权和控制权向第三方转移的情况,分立后母公司的价值没有改变,但子公司却有机会独立面对市场。公司分立通常可分为标准式分立、换股式分立和解散式分立。

分拆上市有广义和狭义之分,广义的分拆包括已上市公司或者未上市公司将部分业务从母公司独立出来单独上市;狭义的分拆指的是已上市公司将部分业务或者某个子公司独立出来,另行公开招股上市。分拆上市后,原母公司的股东虽然在持股比例和绝对持股数量上没有任何变化,但是可以按持股比例享有被投资企业的净利润分成,而且,在子公司分拆上市成功后,母公司将获得超额的投资收益。

股份回购是指公司通过某些途径购买本公司在外发行的股份,适时、合理地进行股本收缩的内部资产重组行为。这种资本运作方式一般用于处于成熟或衰退期的公司,它们采取这种方式来收缩经营战线或转移投资重点,开辟新的利润增长点。

强中有弱的广告公司可以通过吸引外商共办合资企业,既利用国外资本,也引入先进的运作经验和管理方法;也可以通过在二级市场"买壳"或"借壳"上市,实现规模扩张;还可以通过资产剥离,选择性的进行资产经营,大大提高资产运作效率;或者采用无形资产资本化的方法,利用商誉、品牌、专有资源等无形资产盘活资产、筹措资本。

3.弱势广告公司的资本运作模式

弱势广告公司是指在广告市场中市场占有率小、利润低、规模小、缺乏核心业务和竞争实力的广告公司。这类广告公司资产状况不良,经营状况不好,在进行资本运作的时候不能简单理解为"破产、逃债、下岗",而应该采取某些特定的方式方法进行资本运作,一般可以采取"托管"、"投靠联合"、"债务重组"三种模式:所谓托管,就是以企业产权为标的物,委托方当事人依据一定的法律法规和政策,通过与受托方签订合同,以一定的条件为前提,以一定的代价作为补偿,将企业的全部财产权让渡给受托方处置。企业产权的托管经营实质上是一种非公开市场的企业产权交易。在产权市场,没有得到健全与完善的条件下,这成为产权流通的一种变通方式;所谓投靠联合即出让部分产权或全部产权投靠大型企业集团,换取接收主体更大规模的资本投放;债务重组有两层含义:一是冲销无法归还的债务;二是改善资产负债结构,改变债权债务关系,或是更换债权人,或是债权转股权。

二、以媒体资源为核心掌控全局

中国广告产业自 1979 年重开以来,一直沿袭着欧美广告产业的"自由竞争背景下的独立产业发展模式"。这种发展模式对于发展较早、较成熟的欧美广告产业而言无疑是合适的,欧美广告产业也因为这种独立的产业发展模式而取得了"率先行动者优势"。但对于起步较晚的中国广告产业而言,搬用"率先者"的模式似乎显得水土不服,作为"尾随者"和"后进者",在完全开放的广告市场中,在跨国广告集团全球扩张的潮流中,逐渐丧失了自主发展的空间,呈现出被外资控局的倾向。

而日本广告产业与美国广告产业相比,虽然也处于"跟随者"的位置,但由于日本广告产业在起步之初就受到产业政策的保护,选择了一条依托媒体的产业发展之路,使得本土广告产业获得强劲的发展。这种以"媒体资源"为核心的广告产业发展之路值得借鉴①。

(一)以"媒体资源"为核发展广告产业的可行性

事实上,中国广告市场上已经存在三种媒体资源型广告公司,一是媒体购

---

① 张金海、刘芳:《广告产业发展模式的创新和发展路径的选择》,《广告大观综合版》2008年第 3 期。

买公司,二是媒体代理公司,三是媒体型广告公司。媒体购买公司即从事媒介信息研究、媒介购买、媒介企划与实施等的独立运作的经营实体,其将报纸、杂志、电视电台的广告版面以及时段买断整合,然后推荐给广告主;媒体代理公司则是凭借与媒体千丝万缕的关系占据了特殊的媒体资源,成为一家或几家媒体广告时段或版面代理的经营实体;媒体型广告公司自身就是媒体,如新近崛起的各类户外广告公司。

　　媒体购买公司是欧美模式的广告代理制的产物,也是广告公司、广告主和媒体三方博弈的结果,依靠的是强大的资本运营能力和广告主的整合能力来构建行业壁垒。自1996年国际专业媒体购买公司——实力媒体率先进入中国,传立媒体、浩腾媒体、凯洛媒体等知名媒体购买公司也纷至沓来。这些海外媒体购买公司凭借着丰富的客户资源、庞大的资本背景、专业化的服务能力掌控了中国将近50%—60%的媒体市场①。以2006年新成立的博睿传播为例,据RECMA统计,其在中国2005年媒体购买量就达到了110亿元,占当年全中国媒体投放总量的13%左右②。这么庞大的媒体购买量赋予了这些媒体购买公司极大的资源优势和谈判筹码,这使得媒体购买公司不仅能在广告行业中傲视群雄,在媒体面前也占据了主动地位,并导致"除了CCTV以外所有的省、地、市、县级电视台全部笼罩在所谓跨国媒介购买集团的垄断式不公平竞争压力之下"③。媒体代理公司与其所代理的媒体之间是一种依附性的关系。如北京未来广告公司是中央电视台所属的唯一的全资广告公司,独家代理大量的央视频道和节目的广告发布,CCTV这种稀缺的媒体资源就是北京未来广告公司生存所依。媒体型广告公司和媒体购买公司、媒体代理公司不同的是,媒体型广告公司拥有自己的媒体,凭借自身的媒体吸引客户资源,获得广告收入。

---

　　①　刘国基:《本土的媒体购买公司只是缘木求鱼》,《广告大观(综合版)》2007年第10期。

　　②　陈刚、崔彤彦:《媒介购买公司的发展、影响及对策研究》,《广告大观(理论版)》2006年第5期。

　　③　刘国基:《必须立法管理媒介购买公司的垄断行为》,《广告大观(综合版)》2007年第1期。

不论是以大资本运作,还是以独家代理垄断,或是以自有媒体入市,这些广告公司所不同的只是凭借的手段和方法,相同的却是共同的目的,就是对媒体资源的掌控。从广告市场上所有广告公司的运营状况和竞争态势来看,也正是这些拥有了媒体资源的广告公司收益最丰,获利最大。媒体资源型广告公司的现实存在和运营状况,都证明了以媒体资源为核心发展广告产业是可行的。

(二)中国媒体资源型广告公司发展路径

2010年4月发布的《媒体代理评比报告》排名前十的媒体资源型广告公司分别是实力媒体、传立媒体、浩腾媒体、凯洛媒体、竞立媒体、尚扬媒介、突破传播、PHD、星传媒体、迈势媒介①。这些媒体资源型广告公司分别隶属于阳狮、WPP、宏盟、安吉斯这几大跨国广告集团,中国本土的媒体资源型广告公司没有一家入围。

1.海外媒体购买公司对中国广告市场的影响

首家媒体购买公司出现于1966年的法国,其后受到欧美广告市场的追捧,在全球广告市场上迅速发展起来。媒体购买公司是随着广告公司高度专业化出现的,伴随着20世纪60年代末欧美广告行业的一次广告专业化的转型,广告公司的专业服务被分化为各个独立的部分,媒体购买公司就是在这场独立浪潮中孕育而生的。可以说,媒体购买公司在欧美广告市场上的诞生是广告行业高度专业化的需要,在企业、广告公司和媒体都高度成熟的欧美市场,媒体购买公司通过整合媒体与媒体形成相互制约、相互依赖的关系,也同时提升在客户心目中的价值。因此,媒体购买公司的垄断对欧美广告市场并不会带来太大的伤害②。

但对于媒体市场和广告市场都极不成熟的中国广告业而言,媒体购买公司的出现必然带来市场垄断,也必将会对整个广告行业和媒体行业的发展都带来巨大伤害。首先,欧美的媒体购买公司脱胎于发展极成熟、专业化程度极

---

① 《媒介代理评比报告》,《中国广告》2010年第4期。
② 陈刚:《危险,高悬的双刃剑——跨国媒介购买公司对中国广告业发展影响探析》,《广告大观(综合版)》2006年第8期。

高的广告公司,有很好的专业服务水平,还有雄厚的资本背景,两相结合的媒体购买公司是刚刚起步的中国广告公司无力抗衡的,一旦形成垄断之势,将会给基本没有专业积累、小资本运作的中国广告公司带来灭顶之灾;其次,中国媒体特殊的性质和体制使得它们在市场化的进程中且行且停,还很稚嫩的中国媒体大多规模较小,实力不强,很容易被强大的媒体购买公司各个击破,根本不可能达到欧美广告市场上那种媒体与广告公司的均衡状态,而是被媒体购买公司强力掌控,这对于中国媒体的经营和安全都是极为不利的。

　　2.中国本土媒体资源型广告公司困境因由

　　中国本土的媒体资源型广告公司有两种,一种是媒体代理公司,另一种是媒体型广告公司。虽然这两种广告公司都手握媒体资源,盈利状况较好,但是基本上还走的是非专业化、粗放式发展的道路。

　　广告公司的发展经历了版面掮客时期、媒介经纪时期、技术服务时期和整合传播时期,在版面掮客时期和媒介经纪时期,广告公司的职能主要就是进行媒体购买;而到技术服务时期,广告公司开始从依附于媒体转变为独立于媒体,职能也从媒体购买拓展到策划、创意、文案、设计、制作等专业领域;到了整合传播时期,广告公司更加成熟,专业化程度更高,而这一时期广告主也对广告公司的媒体资源代理能力提出了更高的要求,这就是媒介购买公司从广告公司中分立的契机和原因。

　　而中国的媒体代理公司和媒体型广告公司事实上还仅仅停留在广告公司发展的第二个时期或第三个时期,也就是媒体经纪时期或技术服务时期。因为专业化程度较低,仅仅依靠资源进行粗放式经营,是难以推出高附加值的服务而实现价值增值的。

　　媒体代理公司和媒体型广告公司裹足不前,一方面是欠缺动机,媒体资源本身就是一座富矿,不论是有垄断资源的媒体代理公司,还是有自有媒体的媒体型广告公司,都更关注现有媒体的开发利用,或者对更多媒体资源的攫取,在过度关注媒体资源本身的同时,很容易忽视专业服务能力的提高;另一方面也是因为中国媒体资源的条块分割,跨媒体、跨区域的媒体资源整合会受到地方行政或政策的阻挠,这也限制了本土媒体资源型广告公司的扩张。

3.中国发展媒体资源型广告公司的路径

（1）高度专业化是中国媒体资源型广告公司发展的前提

国际知名的媒体购买公司每年都要花大量的经费投入到专业化水平的提高上。如传立媒体在中国一年要花超过 1000 万元人民币购买第三方调查资料，还不包括自己投资开发的调研、调查工具等；实力媒体每年在调研上的开销也达到 1000 万元人民币以上，还斥巨资用以招聘、培训优秀人才，为员工提供 ZOOM（Zenith Optimization Of Media）品牌下的先进媒体专用系统，其中包括通过网络实现的硬件和软件平台的持续升级、领先发展的加密网站客户交流系统、建立全球和本地最优化系统以及 ZOOM Wizard、ZOOM Media、ZOOM Maps 和 ZOOM Excalibur 等优化系统。持续投资使实力媒体通过包括对电子商务在内的所有媒体和直接市场的企划和购买，达到为客户提供媒介领先地位的目的①。

正因为对专业化水平的专注，这些跨国媒体购买公司才能为客户提供全面、周到、专业的服务，除了一般性的媒介计划、购买、刊播后的反馈性调查外，跨国媒体购买公司的业务范围更进行了多方位的延展，以便为广告主提供高附加值的服务。如实力媒体的"克顿顾问部门"提供媒介咨询和管理人员培训业务，"万国视讯部门"可以制作电视节目；凯洛媒体提供体育、户外、事件、面对面等多种新的媒介形式的全方位服务；更有多家媒体购买公司提供媒介市场的信息咨询业务，等等。

专业化水平的欠缺正是中国本土媒体资源型广告公司与跨国媒体购买公司最大的差距所在，只有建立在高度专业化的基础上，中国国本土媒体资源型广告公司才能走得更远，走得更扎实。

（2）资本化跨媒体跨区域运作是中国媒体资源型广告公司发展的手段

对抗跨国媒体购买公司的汹汹来势，中国本土媒体资源型广告公司必须通过资本运作的手段，加快跨媒体、跨区域组建媒体传播集团的步伐。在大资

---

① 陈刚、崔彤彦：《媒介购买公司的发展、影响及对策研究》，《广告大观（理论版）》2006 年第 5 期。

本运作的基础上,除了与传统媒体联姻外,还要加快对新兴的网络媒体、户外媒体等数字媒体进行股份控制,还可以通过承包频道节目、栏目的广告经营权、节目销售权等等方法进行跨媒体资源整合;更要冲破地域的限制,不仅仅将目光局限在京、沪、粤三地的媒体,而是随着中国经济发展的步伐,将触角伸向新兴的二三级城市媒体,寻找优质的媒体资源和营销传播服务公司进行各种形式的合作、合资或合并。通过跨媒体、跨区域的资本运作迅速的扩张领地,增强实力。

(3)联合媒体或大客户是中国媒体资源型广告公司发展的模式

韩国广告公社(KOBECO)的运营模式给中国媒体资源型广告公司的发展带来了很大的启发。这个机构独家代理了韩国所有的电视台的广告经营,是电视广告时段的唯一销售出口。任何广告主或广告代理公司,必须向它下单购买,而且不得指定购买的频道或时段,广告费购买金额也全部由它统一安排支配。虽然这种模式有点矫枉过正,但对于保护韩国广告产业不在外资广告公司的冲击中沦陷起到了很好的效果。中国媒体资源型广告公司可以通过让中央级、省市级主流媒体参股,或者由广告投放量达到一定金额的广告主参股,要么获得稳定的媒体资源,要么获得稳定的优质客户资源,以此来保证中国媒体资源型广告公司获得更多的发展空间。

第六章 基于业务转型的中国广告产业竞争力的提升

第一节 业务转型与广告产业竞争力的关联分析

所谓转型,本义是"转变"、"变换"、"转轨",是指对某事物进行一种较为彻底的革命性变革,即通过改变某种事物的形态或性质使其更好地满足新的或更高要求的需要。[①] 转型体现在宏观、中观和微观三个层面,宏观层面是国家经济体制的转型和转轨;中观层面是区域经济结构转型或产业转型;微观层面则包括企业战略转型、企业业务转型、企业文化转型、企业组织转型等。

业务转型主要是从微观的企业层面来谈的,业务转型是企业通过对自身业务组合进行根本性的变革,通过对企业资源的转移和再配置达到企业资源配置效率的最大化的过程,其结果体现为企业核心业务的内容和性质发生了根本的变化。[②] 业务转型是广告产业竞争力提升的基础与核心。

一、业务转型是广告产业竞争力提升的基础

世界广告产业在其发展的 200 多年的历程中,曾经历了和正在经历着三次重大转型:一是 19 世纪中叶至 20 世纪初期的由单纯的媒介代理走向媒介与客户双重代理的转型;二是 20 世纪 50 年代至 20 世纪 70 年代的由媒介与

---

① 李烨:《企业业务转型——理论和实证分析》,经济管理出版社 2007 年版,第 28 页。
② 李烨:《企业业务转型——理论和实证分析》,经济管理出版社 2007 年版,第 29 页。

客户双重代理走向全面综合型服务代理的转型;三是 20 世纪 80 年代至今仍在进行的由综合型服务代理走向整合营销传播的转型①。早期的广告产业承担着某一家或多家报纸媒体的广告版面的经营职能,是单纯的媒介代理,随着市场的繁荣发展和广告主广告意识的不断增强,广告产业开始发展客户代理的业务,形成媒介与客户双重代理的格局。这种从单纯的版面代理业务向既为媒介提供代理又为广告主提供广告服务的业务转型,是第一次广告产业转型的基础。接着由于市场竞争的加剧和营销环境的变化,广告主对专业化广告代理服务的要求与日俱增,广告产业进行了提供文案撰写、广告策划和创意、广告设计和制作、媒介建议和排期等全面综合服务的业务转型,是第二次广告产业转型的基础。随着媒体环境和营销环境的进一步复杂化,任何单一的营销传播手段都不足以成功取得营销战役的胜利,数字传播技术在媒体中的应用和整合营销传播的出现为广告产业提出了新的要求,广告业务再次从单一的广告传播业务向公关、咨询、促销、网络营销、事件营销等整合营销传播业务转型,这是第三次广告产业转型的基础。

作为广告产业主体的广告公司最先感受到市场环境的变化,在第一次广告产业转型中,起初作为广告公司核心业务的媒体代理由于面临媒体自营广告的竞争挑战和利润压缩,将核心业务扩展到客户代理业务领域,找到了广告产业新的利润增长点。在第二次广告产业转型中,广告公司将核心业务转移到专业化的全面综合广告服务方面,不仅满足了广告主对营销传播的更高要求,也建立了广告企业自身的竞争优势。随后在第三次广告产业转型中,一度是广告公司主要利润来源的广告策划创意和媒体购买的核心业务由于受到来自企业营销咨询、公关、市场调查、事件营销、网络营销等营销传播的极大挤压,迫使广告公司将核心业务转移到整合营销传播服务领域。已经经历过和正在经历着的这三次广告产业转型都是以广告公司的业务转型为先导的,也是在业务转型的基础上才实现了企业的管理模式、组织结构、文化特征等一系列转型,并在这一系列转型的基础上达成了广告产业的转型和升级,为提升广

---

① 张金海:《挑战下的广告:变革、创新、转型》,《广告人》2010 年第 4 期。

告产业竞争力提供了动力和保障。因此,业务转型是企业转型的实践环节,是企业转型乃至产业转型和升级的前提条件,是广告产业竞争力提升的基础。

二、业务转型是广告产业竞争力提升的核心

广告产业转型与升级是发展广告产业、提升广告产业竞争力的核心话语。广告产业转型体现在观念转型、业务转型、组织转型这三个层面上。在正在经历的第三次广告产业转型中,广告产业转型的目标是以广告产业来整合营销传播服务的其他相关领域,从而掌握整合营销传播代理的主导权。这就要求广告产业实现从观念到服务内容和模式到组织形态的整体性变迁和整体性转型。首先,要转变广告产业是基于创意与策划的传播策略工具的传统观念,树立广告产业是为客户的战略决策伙伴的新观念,这里的客户不仅包括广告主,也包括媒体,甚至还可以包括消费者;其次,广告产业所涉及的业务范畴也要从传统的广告策划、创意、设计、制作和媒介购买等专业广告代理业务延伸到上游的广告主的调查、公关、促销、直销、事件营销、包装、会展等领域,或拓展到下游的新媒介资源和衍生产品的开发和代理等方面,甚至还可能延伸到为消费者提供商品信息和消费指导等角度,实现从传统的专业广告代理服务到更大范围的信息服务的业务转型;最后,广告产业在组织上从原先单纯的甲方乙方的代理关系转型为共同承担风险和分享利润的战略伙伴关系,广告公司与媒体或广告主的组织界限变得模糊,关系更加紧密,彼此互相渗入到对方的组织结构中。在广告公司内部组织结构上也将由传统的直线制、职能制、事业部制、矩阵制组织结构转型为网络化、虚拟化的组织结构。

在观念转型、业务转型和组织转型中,业务转型是广告产业转型和升级的关键,是提升广告产业竞争力的核心,其一,业务转型是观念转型在实践中的体现和检验,是组织转型的前提,广告产业转型和升级是围绕着业务转型开展的,其成功与否决定了广告产业转型和升级的成效;其二,业务转型是广告产业在产业链上游和下游的延伸,大大拓展了处于广告主和媒介双重挤压下的广告产业的生存空间,对广告产业竞争力的提升有着最直接的作用,是广告产业竞争力提升的关键和核心。

三、业务转型是广告产业竞争力提升的机会

波特在论述国家竞争要素时提到了一个非常重要的要素——"机会",他认为"机会"作为竞争条件之一,一般与产业所处的国家环境无关,也并非企业内部的能力,甚至不是政府所能影响的,"机会"在产业成功史上扮演着相当重要的角色。他将引发机会的事件归纳为如下几条:基础科技的发明创新、传统技术出现断层、生产成本突然提高、全球金融市场或汇率的重大变化、全球或区域市场需求剧增、外国政府的重大决策、战争。他指出这些事件会打破原本的状态,提供新的竞争空间,使原本的竞争者优势顿失,而能取代旧势力、满足新需求的企业则能获得现身的空间①。

对于广告产业而言,这个机会主要指的是数字传播技术在媒体的应用。由技术变革引发的传播领域的变革,正以汹汹来势改变着广告产业内竞争者的地位和格局。这不是中国广告产业独自面临的,也是世界广告产业共同面临的困境,但也是机会。这个机会挑战了西方发达国家广告产业历经200多年发展获取的先发竞争优势,让中国广告产业和西方发达国家广告产业回到了同一起跑线上。而业务转型是企业面对环境变化(尤其是剧变)所实施的一种变革战略,具有战略性、长期性、系统性、复杂性、革命性和较大程度的不可逆性特征,业务转型将改变企业的成长方向和成长路径,是企业实行全面再造和重生的突破口,也是企业在动态环境下谋求持续成长的必然选择。可以说,谁能成功地完成广告产业业务转型,谁就能把握全球广告产业共同面对的这个机会,获取国家竞争优势。

第二节　数字化和整合营销传播背景下
广告产业的业务转型

现代管理学之父德鲁克曾说:"企业作为一种同时具有经济属性和生物

---

① 迈克尔·波特:《国家竞争优势》,华夏出版社 2002 年版,第 116 页。

属性特征的组织,持续成长是其永恒追求的目标,也是其长期面临的挑战。面对环境的不断变化,企业只有不断创新,对自身进行变革以保持与变化了的环境相匹配,才能实现持续成长。"①广告产业的发展史实际上就是一部广告公司不断适应市场环境和媒介环境变化,不断变革和创新的历史。在正在进行的第三次转型中广告产业面临着比前两次转型更为复杂多变的环境,这对于全球广告产业都是全新的课题,而作为提升广告产业竞争力之基础、核心和机会的业务转型是这次转型关注的焦点。

一、广告产业业务转型的背景

广告产业的发展有三个重大的背景:一是经济全球化与传播全球化,二是整合营销传播,三是数字传播技术。如果说经济全球化与传播全球化造成的只是广告公司全球化业务运作的某种改变,那么整合营销传播和数字传播技术则将推动着现代广告业实现从业务内容到业务模式的整体变迁和整体转型②。因此,可以认为对广告产业业务转型具有重大意义的背景主要有两方面:整合营销传播和数字传播技术。

(一)整合营销传播背景

整合营销传播 IMC(Integrated Marketing Communications 简称 IMC)兴起于 20 世纪 80 年代末,是对传统广告和营销传播理论的革命性创新。其时代背景主要有五个:其一是营销投入从媒体广告转向其他形式的促销,尤其是消费者和交易导向的促销活动;其二是媒体市场的细分化降低了对大众媒体的重视,而集中于小型、目标性媒体的选择;其三是市场力量由厂商向零售商转移,他们以自身的影响力要求厂商支付促销费用和折扣,也分散了广告投入;其四是数据库营销的迅速发展使得很多公司采取直接营销方式与消费者沟通,而不再依赖大众媒体;其五是媒体购买发生变化,很多公司采用家庭媒体购买或转向使用提供折扣率的独立媒体购买服务,那些仍由广告代理商进行

---

① 彼得·德鲁克:《创新与企业家精神》(*Innovation and Entrepreneurship*,1974),海南出版社 2000 年版。

② 张金海:《挑战下的广告:变革、创新、转型》,《广告人》2010 年第 4 期。

媒体购买的公司也削减手续费,并要求代理商减少对大众媒体的预算。① 在变化了的市场环境和营销环境中,整合营销传播应运而生。其基本内涵是以消费者为核心重组企业行为和市场行为,综合、协调使用各种形式的传播方式,对准一致的目标,通过各种不同的传播渠道,传递一致的产品信息,树立一致的品牌形象,实现与消费者的双向沟通,迅速树立产品品牌在消费者心目中的地位,建立品牌与消费者长期密切的关系,有效实现营销传播效果的最大化②。

整合营销传播是一项系统工程。其核心思想是将与企业进行市场营销有关的一切传播活动一元化。一方面将广告、促销、公关、直销、CI、包装、新闻媒体等一切传播活动都涵盖到营销活动的范围之内;另一方面则使企业能够将统一的传播资讯传达给消费者。所以,整合营销传播也被称为 Speak With One Voice(用一个声音说话)即营销传播的一元化策略。整合营销传播包括以下几个要点。

1.整合营销传播从以产品和生产者为中心转向以消费者为中心

整合营销传播以"4C"代替了"4P",将消费者置于营销传播的核心地位,使得营销传播的出发点和归宿点都有了本质的改变。"4P"所强调的产品、价格、渠道、促销代表了销售者的观点,是卖方用于影响买方的营销工具。而"4C"的提出则实现了从对经营者的研究到对消费者的关注的转向,关注的是消费者的需求和欲望、消费者满足欲求所需付出的成本、产品能为消费者提供的方便、产品和消费者的沟通,每一种营销工具都是为消费者提供利益的。

2.整合营销传播从传者中心的单向传播转向受众中心的双向沟通

整合营销传播超越了以往对营销和传播的认识,强调通过与消费者进行充分的接触来实现双向沟通。过去通过向大众传媒投放广告或促销都是以销售者为中心进行的单向的诉求和灌输,其目的是为了激发受众的兴趣和诱导其购买。整合营销传播则要求在与消费者接触的每一个环节与消费者进行双

① 余明阳:《"整合营销传播"挑战中国广告业》,《中国广告》2003 年第 7 期。
② 张金海:《20 世纪广告传播理论研究》,武汉大学出版社 2002 年版,第 124 页。

向沟通,让消费者了解产品的特色和价值,了解产品是为什么样的人设计的,也通过消费者的反馈了解消费者的需求并进行回应。这种双向的沟通意味着销售者与消费者之间信息的交换,意味着双方之间存在着分享共同价值的互动关系。

3.整合营销传播从短期的交易营销传播转向长期的关系营销传播

整合营销传播的终极目的是"品牌",与消费者或其他相关利益人之间的关系成为企业追求的核心价值。与以往的营销传播不同的是,整合营销传播关注的不是一两次营销事件与消费者或其他相关利益人建立起来的短暂的交易关系,而是通过"品牌传播"建立起一种稳定的、双向互动的长期关系。营销学家科特勒和阿姆斯特朗曾将双方的利益需求关系划分为五个层次:基本交易关系——反馈式关系——责任关系——前摄关系——伙伴关系,每一个层次都代表着营销过程中的一环,代表着一种递进关系①。整合营销传播以从传统营销的简单交易关系到最高级别的伙伴关系的跨越为最高追求,致力于与消费者或其他相关利益人长期关系的维护。

(二)数字传播技术背景

数字技术在传播领域内的全球勃兴,也发生于20世纪80年代。由技术变革引发的传播领域的变革,对媒介与广告而言都是颠覆性的。在此背景下,传统媒介无可避免的衰落,而以互联网为代表的新媒体迅速成为未来传播的主力。媒介传播形态和媒介格局的改变可以归纳为以下几点。

1.媒介数量增加,媒介融合加速

数字技术的发展衍生出新的媒介形式,除了传统的报纸、杂志、广播、电视以外,互联网、手机、楼宇电视、电子报纸、电子杂志、IPTV等新的媒介迅速成长起来。一种新的数字媒体从诞生到爆发式增长的速度之快、耗时之短是传统媒体无法企及的,其海量存储、交互式、个性化的传播特性对社会和媒介都产生了巨大的影响力。新旧媒体通过互相汲取、借鉴对方优势来提升其自身

---

① 卫军英:《整合营销传播中的观念变革》,《浙江大学学报(人文社会科学版)》2006年1月。

的影响力和竞争力,形成了网络报纸、网络广播、网络电视等合作互动的产物,改变了传统媒体线性的、集中的、权威的特性,构造出一个虚拟的、无限扩张的、多元化、非线性的媒介空间。

2.信息传播"去中心化"和"多中心化"趋势

Web1.0到Web2.0的发展使得信息传播呈现出"去中心化"和"多中心化"的趋势。互联网经历了二次进化,第一次进化是从20世纪90年代中期开始,以内容的数字化和网络浏览器的推广为标志的,Yahoo、Sina、Sohu、网易等大型门户网站就是这一阶段的产物,此后Google和Baidu的出现更是将这一次进化推向极致,这是一次以搜索为代表的"内容中心化"的进化;第二次进化是随着Web2.0技术的应用而到来的,传统的"内容为王"的思维被"用户为王"的新思维打破,"去中心化"的平台型网站开始风靡,用户规模和用户体验被提升到一个前所未有的高度,而对内容的重视退居其次,这一时期互联网视频网站、SNS网站、电子商务网站迅速崛起,这些网站与第一代门户网站不同的是,它紧紧黏连着具有相似性的一群用户,成为人与人、人与信息的交流平台。第二次进化在功能和内容上是"去中心化"的,但是在结构和形态上是以个人为中心的"多中心化"的,即围绕着个人中心建立起"个人生活中心"、"个人知识中心"、"个人价值中心"、"个人关系中心"等"多中心化"互联网体系。随着个人化浏览器、个人化客户端、个人化数据库服务的全面崛起,以门户网站和搜索引擎为代表的"内容中心"的信息传播模式将被"去中心化"、"多中心化"的信息传播模式所取代。

3.数字媒体无限互通,富媒体传播趋于主流

数字技术提供基于相同标准的不同设备,这些设备被数字化后,将成为运行在"规格相同的铁路"上的数字媒体。这些数字媒体能够轻而易举的相互联通,当定位技术与信息传播相结合,越来越多的地点和设备都能瞬间变为响应终端。当大量的设备被数字化时,他们将越来越多的以富媒体的创新表现形式与消费者连接,也即是通过动画、声音、视频和交互式的方式进行信息的传播。其实现的条件一方面是网络带宽的升级,另一方面是技术标准的统一。

4.个性化、互动性传播成为主流

数字技术消解了传统媒体中因为通路有限而出现的"把关人"。传统媒体中只有符合群体规范和"把关人"价值标准的信息才能流入传播渠道,而Web2.0体现出"共创内容"的特征,社交网站、视频网站、博客、播客、微博的成长使得传统意义上的"受众"也成为"传者",传受之间的界限逐渐模糊。在数字化媒体环境中,内容更容易传播,并可在家中或户外的各种终端之间流通,每一个人都成为信息的"游牧者",不断接受并传递各自喜爱的内容,成为自己的"把关人"。个性化、互动性的传播成为主流,最典型的代表就是社交网络SNS,将生活中的关系延续到网络上,再将网络上的关系拓展到生活中,这种以兴趣或利益趋同的社会网络构成,不仅推动了信息传播方式的变革,也推动了数字媒体经济运行模式的创新。

5.数字终端向多功能、可寻址媒体转型

所谓可寻址媒体即能够依靠设备回传地址的媒体,如手机可以通过电话号码寻址,互联网可以通过IP寻址,数字电视可以通过机顶盒寻址,等等。通过数字媒体寻址,每个人的行为都可以被监测,个人与媒体的互动越多,测量的结果就越精确。在此基础上建立用户数据库,可将传统大众媒体对消费者的猜测变得更为精准,并进行个性化的信息或内容的分析与传递。随着数字化技术的发展,多功能、可寻址的数字媒体将成为一种常态。

6.垂直搜索引擎提供"意向数据库"

搜索引擎在用户和海量信息中间起着连接的作用,一般的搜索引擎由于要采集的页面数量过于庞大和内容过于杂乱,系统资源和网络资源消耗较大,页面利用率低,也难以满足用户(尤其是中小企业用户)的特定需求,因此在专门领域内的信息搜索满意度较低。键入一个关键字就能返回几百万个没什么用的结果,显然不符合人们对搜索引擎的期望,因此,针对法律、医学、营销等专业领域的垂直搜索引擎由于能更好地理解用户的专业需求,给出更贴切、更精准的搜索结果,而受到越来越多搜索引擎公司的青睐。当消费者的全部搜索信息都可以储存并分析后,这个数据库就能提供给搜索公司一个研究消费者特性的"意向数据库"。

二、广告产业的业务转型的必然趋势

一方面,整合营销传播的发展也对广告产业的发展提出了新命题,即广告究竟会消融在整合营销传播系统中,还是作为一种工具实现对营销传播的整合? 两种走向将导致两种结局:广告消亡,或是广告引领营销传播。另一方面,数字传播技术一日千里的发展对媒介、对广告的影响不仅仅停留在技术转型的层面,而是意味着生存形态、传播形态及产业形态的整体转型。在数字化和整合营销传播的双重背景下,广告产业的观念形态、业务形态和组织形态的全面转型已经成为一种现实必然。

(一)数字传播技术和整合营销传播对传统广告产业的影响

数字传播技术和整合营销传播给传统广告业带来了产业业态、产业结构和业务形态的深刻影响。

1.广告产业业态融合

数字传播技术在不同产业间的扩散和运用引发了溢出效应,导致了技术融合,而技术融合又消除了不同产业间的技术进入壁垒,使不同产业形成共同的技术基础,并促使传统的产业边界趋于模糊,甚至完全消失。与此同时,全球范围内广告产业呈现出集群化发展的业态,在纽约、在伦敦、在东京业已形成世界三大广告中心,在中国也呈现出广告公司地理集聚的现象。在数字传播技术的推动下,在广告产业集群化发展的过程中,广告产业与其他产业相互融合的态势也渐趋明显。

2.广告产业结构失衡

波特将产业价值链大致分为上游供应商、中游制造商、下游销售商和最终消费者这一连串价值创造过程。对于广告产业而言,产业链上游供应商是广告主,产业链中游制造商是广告公司,产业链下游销售商是广告媒体。处于产业价值链上游的广告主的强势地位自不必说,产业价值链下游的也因为诸多实力雄厚的媒体购买集团的出现,形成了媒体资源垄断格局,甚至成为广告产业价值链的主导,严重压缩了广告公司的利润空间。再加上数字传播时代所诞生的楼宇视频广告、公交视频广告、搜索引擎广告等多种新媒体广告形态,催生了大量相关专业化新媒体广告公司,也分割了大量原本属于广告公司的业务。在这三重挤压下,原本处于产业价值链中游的传统广告代理公司利润微薄,广告产业结构产生了失衡。

3.广告产业业务形态多元

广告产业的发展经历了从最初的媒介代理到全面综合广告业务代理的第一次、第二次重大转型,这一过程中具有现代意义的广告公司相继出现,推动着广告产业成为一个独立的产业,其核心业务集中于广告代理服务领域。随着数字传播技术的兴起和整合营销传播的发展,以美国为代表的欧美广告业将业务领域从以前单一的广告代理服务拓展到营销咨询、市场调查、公关、促销、网络营销、事件营销等多个领域,由此促成了广告产业的第三次重大转型和升级。在这一过程中欧美等发达国家的广告公司在业务拓展的基础上也发展为大型广告集团,其核心业务从广告代理服务领域拓展到整合营销代理服务领域,并最终实现了广告产业业务形态从单一向多元的转换。

(二)广告产业业务转型是全球广告产业的必然趋势

在数字新媒体环境下广告究竟会消融在整合营销传播系统中,还是作为一种工具实现对营销传播的整合的追问中,我们主张广告作为整合营销传播的核心产业实现对其他营销手段的整合。这一方面是因为相较于其他营销传播服务而言,广告产业在营销传播领域发展的更为成熟;另一方面也是因为Omnicom、WPP、Interpublic、Publicis等跨国广告集团在整合营销传播方面所作出的成功的实践探索。因此,广告产业转型必将是以广告为工具整合其他营销传播手段,实现"大广告产业"的产业形态。

所谓"大广告产业"是一种新型的营销传播产业形态跨越了原有的相互分立的营销传播产业之间泾渭分明的界限,并在融合的营销传播市场中,为受众提供融合的营销传播服务,并接受融合的产业管制。它包含两方面含义:一方面"大广告产业"意味着广告、公关、促销、营销咨询、事件行销等多种营销传播服务的融合,广告产业由单一的广告代理服务业走向提供多元化整合营销代理服务的"大广告产业";另一方面"大广告产业"意味着对广告产业价值链中广告产业与其上下游产业形态的融合。

在"大广告产业"的产业形态中,广告产业业务转型是必然的趋势。数字传播技术的不断发展将使上游广告主、中游广告公司、下游媒体之间的界限变得更加模糊,为业务转型奠定了坚实的基础,广告产业在整合营销传播中的核心、主导地位为业务转型提出了更高的要求。业务转型是"大广告产业"转型的核心,通过对广告、公关、促销、营销咨询、事件营销等相关营销传播业务的整合,完善整合营销传播服务体系。

三、广告产业的业务转型的内涵与特征

(一)广告产业业务转型的内涵

业务转型通常是企业在内外环境发生剧烈变化的驱动下,对其自身使命、目标进行调整和改变,进而通过战略创新所驱动,并伴以组织结构、企业文化等转型得以实现,推动企业整体转型,从而实现企业持续成长①。可将以业务转型为核心和先导的企业转型模型表述如下:

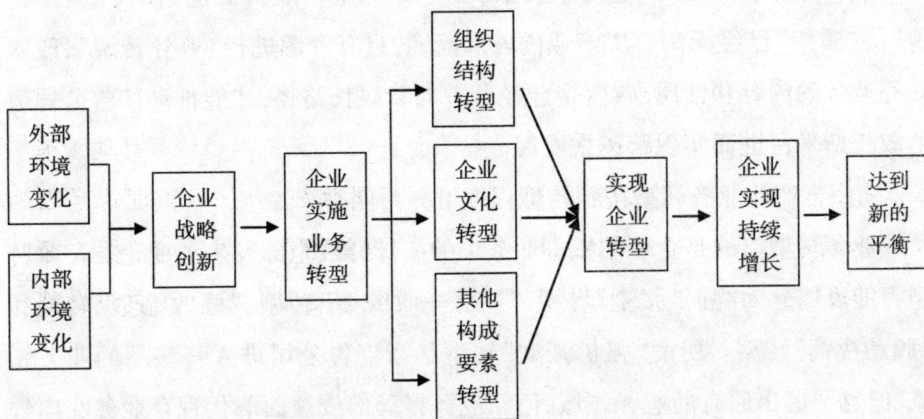

图6-1　基于业务转型为核心和先导的企业转型

对于广告产业而言,业务转型就是在数字传播技术和整合营销传播所引发的市场环境和媒介环境的剧变中,广告公司为了谋求持续成长,在公司战略创新的推动下,在公司组织结构、企业文化、资源和能力的相继转型的支撑下,通过内部培育、购并、置换、剥离、分立等手段或方法,进行自身核心业务的不

① 李烨:《企业业务转型——理论和实证分析》,经济管理出版社2007年版,第80页。

断变更,推进业务结构向具有更高附加值的高级化迈进的过程。

(二)广告产业业务转型的特征

1.广告产业业务转型是不同于业务流程再造和业务重组的重大变革

业务转型不同于致力于短期效率改进的业务流程再造和业务重组,业务转型的目标是实现企业长期绩效的提高。业务流程再造和业务重组的前提是环境并没有发生根本的变化,原来的核心业务还可以支撑企业持续成长。业务流程再造主要是对核心业务流程加以改进,以此提高效率和效益,降低企业运营成本,提升企业组织灵活性和响应速度的一种战术性手段;业务重组也不会改变企业核心业务的性质和内容,只是对企业业务组合进行重新优化、调整,是企业面临威胁情况下采取的一种应急性策略,一般情况下以收缩性重组为主。数字传播技术和整合营销传播对广告产业而言是传播环境和市场环境的巨大变化,广告公司原有的专业性广告代理服务的核心业务已经受到严峻的挑战,难以支撑广告产业后续发展,在这样的生存危机面前,仅仅依靠"再造"或"重组"已经无法解决产业内外部问题,只有考虑进行"业务转型",改变核心业务的内容和性质,改变企业经营方向和成长路径,才能推动广告公司迈上成长新平台继而实现跨越式发展。

2.广告产业业务转型按照转型程度可分为四类

业务转型指的是企业的核心业务中的一部分或全部发生了变化。按照转型程度可以分为"强扩张型"转型、"扩张—收缩型"转型、"强收缩型"转型和"脱胎换骨"转型。所谓"强扩张型"转型是指广告公司进入一些新的业务领域,但也不退出原有的业务领域,但新业务将局部或全面取代现存业务在广告公司中的核心地位,这类业务转型往往发生在具有一定的资源剩余并成长意愿强烈的企业中;"扩张—收缩型"转型指的是广告公司部分退出原有的业务领域,所扩张的新业务也只是部分取代现存核心业务的地位,这类业务转型主要发生在综合性广告公司对其经营业务链优化重构的过程中;"强收缩型"转型指的是广告公司退出大部分原有核心业务,把资源转移到新的核心业务上,通过量的收缩来换取质的提高;"脱胎换骨"转型指的是广告公司在进入一些新的业务领域的同时,从原有的业务领域完全退出,且新业务取代现存业务的核心地位,这是所有业务转型中难度最大、风险最高的一种,往往发生在现存业务领域全面衰退的企业中。

　　3.广告产业业务转型包括三种转型成本

　　广告产业业务转型成本包括三种:搜寻成本、进入壁垒成本、退出壁垒成本。搜寻成本指的是在进行业务转型决策前,为了确定业务转型方向所进行的信息搜寻成本;进入壁垒成本是一个产业内进入企业需要承担而在位者不需要承担的成本,规模经济、产业集中度、产品差别化和政府管制都决定了企业进入壁垒成本的高低;退出壁垒成本是指企业不能赚取正常利润而决定退出时所负担的成本,或者说是已经投入还未收回的那部分投资在退出时仍不能收回的沉淀成本。除了搜寻成本是每一个广告公司在业务转型的过程中都必须付出的之外,进入壁垒成本和退出壁垒成本却不是必然发生的。如在"强扩张型"转型中,由于并不涉及退出原有的业务领域,自然就不存在退出壁垒成本,再如在"强收缩型"转型中,如果新的核心业务原本就存在于原有的业务组合中,只是在资源分配上进行了偏重调剂,那么这种业务转型也不存在进入壁垒成本。

第三节　基于业务转型的中国广告
产业竞争力提升建议

　　达尔文曾说:"能够生存下来的不是最强壮的物种,而是那些最能适应变化的物种。"企业实施业务转型是为了在剧变的环境中向产业链中更具发展前景和战略意义的高端价值创造环节移动,以实现企业的持续增长和跨越式发展,实现产业的转型和升级,并最终提高产业竞争力。

　　业务转型是一个波及企业系统多个要素变革的复杂的系统工程,不同于一般意义上的"多元化"或"归核化",其实质是通过企业资源的转移和再配置过程,实现核心业务的重构,其关注点不是"做大"而是"做强",要求的是"质"的成长。因其系统性和复杂性,业务转型存在着较大风险,一旦转型失

败甚至会危及生存。因此,在业务转型的过程中要注意以下两点:

其一,业务转型要综合考虑企业内部资源和能力与外部环境是否匹配。企业在进行业务转型战略之前首先要研究企业所处的外部环境和公司自身的独特资源和能力,外部环境包括企业所处的竞争环境和企业发展的外部极限,内部资源和能力包括公司的财务、人力、组织、管理等各方面能力。通过分析确定外部机遇和风险以及内部优势和劣势,并将机遇和优势以最佳的方式匹配起来,为企业选择最优的业务组合。若不然,则公司要么会为了获得更好绩效而不顾自身资源和能力,而盲目进入利润率较高的业务,导致业务转型的失败;要么会片面强调自身资源和能力而错过变化市场所带来的新业务增长的良好机遇,也不能及时从已经衰退或正在衰退的业务领域退出。

其二,业务转型宜采取主动、渐进式推进的策略。无论是危机驱动的被动转型,还是机遇诱导的主动转型都是一项复杂的、高风险的系统工程,为了确保业务转型的顺利进行,降低风险并实现目标,企业应以前瞻性的眼光推进主动的、渐进式的业务转型。这要求企业构建起学习型、创新型的组织体系,并在内部设置环境扫描系统和感应机制,实施监测环境变化并提前做好转型准备,避免在业务转型中沦于被动地位,也避免激进式转型给企业带来更大风险。"未雨绸缪"的主动、渐进式推进的业务转型将为企业赢得速度优势和后发优势。

在以上两条原则的指导下,中国广告产业通过业务转型提升产业竞争力要从以下几个方面做起。

一、业务链的水平延伸和垂直拓展

业务链是核心业务构成的价值链条,传递着企业最有竞争利润的核心业务价值。传统广告公司的业务链主要集中于专业化的广告服务代理领域,包括广告调查、广告策划、广告创意、广告设计与制作、广告效果监测等业务单位。在数字传播技术和整合营销传播的新环境下,原先的广告公司的业务链应进行水平延伸和垂直拓展,才能解决广告产业链结构性失衡的现象。

（一）广告产业链的结构性失衡现象

在广告产业链中理想的状态是广告主、广告公司和广告媒体这三大主体的能量达到均衡的状态，能够相互影响、相互制约、共同促进，形成共生的良性互动关系。然而，现实中的广告产业链却存在着结构性失衡的现象。广告主作为广告产业链的上游源头，把握着是否进行广告投放、投放多少、委托哪个广告公司、投放到什么媒体的生杀予夺大权，在三者关系中处于最强势地位；而媒介则凭借着垄断的平台和渠道优势，也成为三者关系中较为强势的一方；只有广告公司处于中间环节，要么依附于广告主，要么依附于媒介，在三者关系的博弈中始终难以获得话语权，尤其对于专业性不足的中国广告产业而言，缺乏核心竞争力的广告公司不得不在广告主和媒介的夹缝中艰难生存。

这种不均衡的结构关系具体表现在以下三个方面。

1.媒体的强势垄断地位

中国的媒介体制与西方媒介体制有本质的不同，作为"党和政府喉舌"的各级媒介对应各级政府形成了与行政体制完全同构的层级型结构，不同层级的媒介在政治地位上、社会影响力上都有明确的高下之分。中央电视台发起的"标王"广告营销模式就是这种层级型结构的最突出代表，作为中央级媒体，拥有政策垄断权和资源优先权，这种垄断并非来源于市场，却使得中央电视台在开掘自身的广告资源时，排斥了其他媒体参与竞争的可能性，使得其他级别媒体在广告营销中处于劣势。而对于本应处于广告产业链核心地位的广告公司而言，媒介资源的垄断和媒介平台的稀缺使得媒体处于强势地位，大大挤压了广告公司的生存空间。

2.广告公司的过度竞争和分散弱小

中国传媒业的强势垄断地位是中国广告市场所特有的现象，与之相对应的则是广告公司的过度竞争和分散弱小。一方面，由于广告公司的进入门槛低，造成了广告公司如雨后春笋一般涌入广告市场分一杯羹，另一方面，近些年中国传媒集团化进程导致了媒介资源和广告资源的进一步集中。林立的广告公司相对于紧缺的媒介资源，必然会造成广告公司之间的过度竞争。再加上中国广告市场长期以来所形成的"高度分散、高度弱小"的状况，将进一步加剧广告公司在广告产业链中与其他两方关系不对等的现实。

3.广告主越过广告公司与媒体直接接洽

一方面,媒体处于强势垄断地位,而广告公司过度竞争和分散弱小,必然使得同样处于广告产业链中强势地位的广告主,越过弱势的广告公司,直接与媒体接洽,展开强强之间的对弈;另一方面,中国广告公司高度专业性的缺乏,也使得广告主和媒体都感受不到广告公司存在的价值和意义,两者之间越过广告公司直接对话也难免会成为他们的选择。广告主与媒体直接接洽这种行为实际上导致了广告产业链的断裂,导致了广告公司长期低速发展,也最终将对广告主和广告媒体产生消极影响。

(二)业务链的水平延伸

业务链的水平延伸是建立在高度专业化的基础之上的,广告产业链结构性失衡归根结底是因为广告公司专业能力不足导致的,核心竞争力的缺乏使得广告公司在整个产业链中的所能提供给广告主和媒介的价值不突出,这是造成广告公司在产业链中较低地位的根本原因。

面临着越来越复杂的营销环境和媒介环境的广告主对广告公司的要求已经发生了改变,不仅仅是需要一个广告创意,或是几则广告作品,而是希望广告公司从更专业的角度提供一揽子整合营销传播服务。目前市场上出现了很多专业代理公司,如调查代理公司、战略咨询代理公司、公关代理公司、直销代理公司、促销代理公司、卫生保健传播代理公司、网络营销代理公司、事件营销代理公司、设计代理公司、包装代理公司、B2B代理公司等,这些小型的专业代理公司依靠专业化的服务能力,弥补了广告公司专业代理能力不足的缺憾,分割了原本属于广告公司的业务。在整合营销传播时代,广告主需要的其实是能够实施高度专业、高度整合的营销传播服务的综合性代理公司,而目前市场上所谓能实施整合营销传播的广告公司大多并非建立在高度专业化的基础上,这大大地削弱了这类广告公司的竞争力。因此,只有在高度专业化的基础上实现广告公司代理业务的水平延伸才能让广告公司夺回被分割的市场份额。广告公司依靠提供专业化的市场研究、营销和管理咨询、广告创意、广告制作、媒介顾问和购买、公关、会展等等细分广告服务,整合和引领各种营销传播方式,为广告主提供全程营销咨询和服务,才能提升广告公司在广告产业链中的地位,实现广告产业链各主体的均衡发展。

(三)业务链的垂直拓展

业务链的垂直拓展是指广告公司的业务在其上游广告主和下游媒介中的介入和延伸,通过上、下游的垂直业务整合来提升广告公司的竞争力,调节广告产业链结构性失衡问题。

1.对上游广告主的介入和整合

广告公司的业务对上游广告主的介入主要指的是广告公司通过能为广告主提供包括市场调查、战略咨询、公共关系、终端促销、事件营销、网络营销、媒体购买等一系列整合营销传播服务,与企业结成更紧密的战略伙伴关系,并进入到企业的营销决策层面真正参与营销决策,提升广告公司在整个产业链中的位置。这种战略伙伴关系是一种看似松散、实则紧密的关系,广告公司相当于企业的外生组织。

2.对下游媒介的介入和整合

广告公司的业务对下游媒介的介入和整合主要有两种方式:一种方式是和媒介建立战略联盟合作关系;另一种方式是垄断媒介资源或自主开发媒介资源。第一种方式是广告公司凭借长期积累的市场调查、媒介代理经验和客户资源,为媒介提供品牌定位、经营管理、培训咨询等业务,或是提供广告策划、创意与制作等专业支持,与媒介建立更紧密的战略联盟合作关系;第二种方式则是广告公司依靠雄厚的资金实力大批量购买广告时段和广告版面以获得媒体资源的垄断优势,或者通过自主开发新媒体赢得发展空间和议价能力。这两种方式将大大提高广告公司在广告产业链中的地位。

二、专业化数据库作为种子业务层培育

广告公司的业务单元可以划分为三个层次:金牛业务层业务、明星业务层业务、种子业务层业务。金牛业务层业务指的是现阶段能给企业带来正现金流(主要利润来源)的业务,这类业务直接影响和决定了企业的短期业绩,也决定着企业对未来业务的选择空间和规模;明星业务层业务指的是正在崛起

的、快速成长的业务,这类业务大都处于成长阶段,需要对其进行大量投资以促进其尽快进入金牛业务层,因此,该层业务直接影响和决定了企业的中期业绩和发展方向,是企业明天的利润源泉;种子业务层业务是指处于研究、试验、创业阶段的业务,这类业务经营概念模糊、发展前景不确定,但它们直接影响和决定企业长期的业绩和发展方向,是企业实现长期持续发展的后备军①。在这三个业务层面上,种子业务层虽然前景未明,较为边缘,但却是企业业务转型战略中最需要密切关注的层面。因为,这类业务的成长能保障企业业务转型的平稳过渡,能加快企业进化和升级,使企业能在日益激烈的竞争环境中获取先机并抢占制高点。

(一)专业数据库是未来广告产业终极生存形态

1.专业化数据库生存是数字媒体时代的唯一选择

数字传播技术的继续发展将会导致数字媒介的融合,并在此基础上实现媒介的数据库生存。以往受众以忍耐广告为代价换取免费广播电视节目或廉价报刊的模式将得以改变,"在广告中插播电视剧"、"广告报"等现象也将一去不复返,媒介的数据库生存是以付费获取高品质信息为特点的,也是以排斥广告、压缩广告的生存空间为代价的。"传统媒介向数字媒介的转型愈是彻底,广告的生存空间愈是狭小。"②广告除了以隐形广告的形式融入付费节目中,就只能依靠构建自身的数据库寻求发展。

2.专业数据库生存是满足消费者接近完全信息需求的唯一方式

广告专业数据库是专门提供广告信息的平台,根据各种分类标准将广告信息分门别类,便于消费者检索。数据库中包括每一种广告商品的完整信息介绍,如产品的各项详细参数、产品的价格、产品的分销商、产品的全景展示、用户论坛、同类产品间各项指标的比较和评价等,消费者除了可以看到模拟的实体展示外,还可以进行不同程度的体验,更可以下载商品广告和用户手册。广告数据库将会对所有商品信息进行实时更新,通过"一站式"广告信息服务

---

① 李烨:《企业业务转型——理论和实证分析》,经济管理出版社2007年版,第135页。

② 张金海、王润珏:《数字技术与网络传播背景下的广告生存形态》,《武汉大学学报(人文科学版)》2009年第4期。

从最大程度上消解广告传播中"信息不对称"现象,真正实现消费者接近完全广告信息需求的需求。

3.专业数据库生存是广告主和消费者沟通的最佳平台

专业化数据库不仅仅在提供接近完全广告信息方面有优势,更重要的是改变了过去大众传媒单向的灌输式传播模式,实现了信息的平等、互动的双向交流,成为广告主和消费者沟通的最佳平台。消费者除了主动获取商品信息外,还可以将自己的消费体验与其他消费者分享,甚至还可以自己充当广告主角色,通过发布商品需求信息和商品出售信息与其他消费者达成交易。而企业广告主则可以利用数据库了解现有客户、搜寻潜在客户,加强与消费者的联系,发现消费者的新需求,以供营销决策参考,帮助企业广告主不断开拓市场。在这里,每个人都是一个结点,平等的网状互通结构构成了广告主和消费者互惠互利的最佳平台。

(二)专业化数据库业务的培育

1.专业化数据库的培育原则

广告专业化数据库的培育要遵循三大原则:其一,真实全面性原则,广告数据库的建构要囊括商品的全面真实的信息,包括商品不尽如人意和需要改进之处;其二,针对性原则,对于消费者不同参与程度的商品提供有针对性的差异化的信息服务,对于消费者参与程度高的商品要更突出商品的专业性信息和比较性信息,对于消费者参与程度低的商品则更注重以艺术的表现形式凸显商品特色;其三,信息流与物流相结合原则,广告专业化数据库不仅仅是一个信息平台,还应该是一个商品交易平台,在信息流汇集的基础上结合物流,将广告专业化数据库打造成特定行业的商品交易市场。

2.专业化数据库的运营主体

专业化数据库的运营主体有两种可能:一个是广告公司,另一个是其他专业机构。广告公司在广告产业进入数据库生存形态后将会随之发生业务的偏移,理所当然成为专业化数据库建设的机构,广告公司以数据库的权威性来获得广告主和消费者的青睐,广告主付费并提供完全商品信息,经由广告公司组织处理后,存储于专业化数据库中,再由消费者付费获取所需广告信息。其他专业机构主要包括行业组织、数据库开发商等其他专业机构,他们凭借各自所拥有的资源都可能成为专业化数据库的运营主体,如行业组织有信息资源优势,而数据库开发商则有技术资源优势,这些都可能让他们成为专业化数据库的创建者和运营者。

3.专业化数据库的盈利方式

广告专业化数据库主要的盈利方式有两种:

其一,内容销售,包括广告信息和消费者信息两个方面的内容销售。广告信息内容是针对于消费者而言的,在现代经济社会广告信息的需求已经成为一种必需,消费者对商品全面信息的需求使得广告专业化数据库的内容销售成为必然;消费者信息内容是针对广告主而言的,消费者在利用广告专业数据库检索广告信息的同时也为广告主提供了自身的各方面信息,专业化数据库通过对消费者信息的收集、处理和多次贩卖来满足广告主对消费者信息的需求。

其二,电子商务,广告专业数据库以信息流的汇聚为基础,结合物流发展电子商务交易平台也是其盈利的方式之一。受到广告专业数据库内容集成对象的限制,建立在此基础上的电子商务应该是企业对个人、企业对企业的,而不可能是个人对个人的。其盈利方式可能有两种:第一种是向企业用户收取会员费、店铺费、广告费、交易费等费用,由于广告专业数据库开发商要为企业用户提供各种数据服务,根据不同的等级收取相应的会员费,收取虚拟店铺租用费、广告费和商品交易费是作为电子商务平台的广告专业数据库合理的盈利方式之一;第二种是通过第三方支付平台所获取的资金来进行资本运作盈利,广告专业数据库在提供电子商务平台的同时要着重构建一个第三方支付平台来作为中介,约束买卖双方的行为,降低电子商务交易中的风险。这个第三方支付平台每天获取了大量的现金流,可以用以进行投融资、放贷等金融资本运作,在为用户提供资金安全的增值服务的同时,也找到了重要的盈利方式。

三、自组织结构模式配合业务转型

稳定的组织架构、固定的组织分层、严格的岗位权责和流程设计曾经是传统广告公司的优势,但这个优势在环境剧变的情况下反而会成为企业转型和进化的阻碍。为了配合业务转型,企业必须是一个开放系统且应具有自组织和自适应能力。

(一)广告公司自组织结构原则

1.动态开放原则

从系统与环境的关系角度而言,系统可分为孤立系统、封闭系统和开放系统。孤立系统的系统和环境既没有物质交换也没有能量交换;封闭系统的系统与环境存在能量交换但没有物质交换;而开放系统的系统与环境既有物质交换也有能量交换。根据热力学第二定律,孤立系统的"熵"会自发的趋向无限大,随着"熵"的增加,系统将会走向无序状态;封闭系统可以形成"低温有序结构",但这一结构不能适应环境变化,也不能形成新的有序结构;开放系统的熵变则由两部分组成:一部分是系统本身的熵增,一部分是系统与外界交换物质和能量引起的熵流,系统内部的熵增恒为正,而熵流则可正可负,当熵流为负的时候,如果其绝对值大于系统内的增熵,则系统会朝着熵减的方向演化,也就是说整个系统的有序性的增加大于无序性的增加,新的能适环境而变的耗散结构也就随之生成。如上观之,动态开放原则是广告公司组织变革的首要遵循原则。在这个迅速更新换代的知识经济时代,广告公司亟待进一步开放,加快与外界的信息、物质和能量的动态交换,将各种新理念、新知识、新创意、新人才等增加负熵的因素引入企业系统,使组织有序度的增加大于自身无序度的增加,从而构建起新的有序结构。

2.远离平衡态原则

从系统本身的状态而言,系统可分为平衡态、近平衡态和远离平衡态。平衡态是系统内无差异的状态,在热力学中指的是经过物质和能量的流动,系统各处的温度和浓度的差异达成一致的状态,这种状态下系统熵增最大;近平衡态是一种可用线性关系描述的微小差异状态,只是围绕平衡作出的微调,不能促使系统产生从无序向有序变化的深刻变革;而远平衡态是系统内存在显著差异要用非线性关系来描述的状态,是形成新的有序结构即耗散结构的必须。也就是说,远离平衡态原则是广告公司组织变革的必要条件。组织构建的内部和外部因素都必须遵循远离平衡态原则,打破系统和环境之间的平衡状态或近平衡状态,以效率原则而不是平均原则作为人、财、物、结构、权利分配的标准,鼓励各种不同专业和类型的人才流动,积极采用招标、外包等方法进行业务运作,向更分散的网络结构状的权利结构转向,并在管理模式上趋向更柔性和更开放。

3.有利涨落适度放大原则

"涨落"是指对系统稳定状态的偏离,它是实际存在于一切系统的固有特征。涨落是使系统由一种结构演化到另一种结构的最初驱动力,是系统进化的先决条件,没有涨落就不可能进化[①]。涨落本身的尺度大小、出现时间、产生机理和作用范围都是随机的,在不同的系统状态下起着不同的作用。普里高津关于"涨落导致有序"的提法主要是指系统远离平衡态时,随机的小涨落有可能通过非线性相干作用和连锁效应放大成巨涨落,破坏原来的结构走向更优越的状态,对新的有序结构的形成作出建设性贡献。在广告公司组织变革中应选择有利于组织目标实现的涨落,让这种涨落得到系统及子系统中的正反馈机制的响应,并将这种响应传达至整个系统。不利于组织目标实现的涨落则应该及时被负反馈机制衰减革除。在此过程中同时还要注意控制涨落放大的阈值,避免涨落过大破坏新结构的稳定性。也就是说,广告公司要对企业内外部环境进行监控,对于可能引起突变的小涨落要随时采取应对措施,制造有利于企业发展的小涨落,矫正可能导致失败的失误和波动。

4.协同增效原则

自组织理论将有序系统的形成归结为系统内部要素协同作用的结果。协同作用是形成复杂系统有序结构的内驱力,是在系统没有任何外部指令下,内部自系统按照某种规则自动形成的一种结构或功能。广告公司在组织变革中应注意加强组织间信息流动和碰撞的非线性相互作用,使其产生的协同效应能呈几何倍数的增大,以刺激新创意、新思想、新知识的产生。组织中的每一个人不再是传统组织中严格等级制度下的一个机器上的螺丝钉,而是一个互

---

① 吴怀林、张保伟:《对涨落有序律的辩证理解》,《系统科学学报》2006 年 7 月。

动交流的节点,彼此交换信息和资源,真正实现组织中每一个要素的自我优化、自我提升、自我创新、自我监控和自我修正。

(三)广告公司自组织结构的路径

信息技术在为广告公司组织带来外部环境挑战的同时,也为其自组织变革提供了技术支持,EDI 电子数据交换技术和诸如电子邮件、视频、音频等群件技术为我们进行实时交流提供了平台,也为组织架构的动态开放发展或延伸扫除了技术障碍。可以预见,自组织变革一定是基于信息技术的网络化、虚拟化、扁平化、团队化的构建。

广告公司组织设立应该围绕其能为客户提供的核心价值展开。广告被纳入到第三产业的信息服务行业,因此,"信息"是广告公司能为客户提供的核心价值之一。在信息技术时代大量的信息冗余使得信息挖掘和信息整合变得尤为重要,广告公司要想在整合营销传播中赢得制胜,对于信息的收集挖掘能力是非常重要的。对于广告公司组织的变革也要围绕如何有利于信息的聚拢和整理、传达来开展。

广告同时也是创意产业的一部分,"创意"毋庸置疑成为广告公司的核心价值之二。因此,富有创意的"人才"才是广告公司最大的资源。而人才这一生产要素的高度流动性在互联网时代的放大效应应得到重点关注。以威客为例,很多以前需要委托专业广告公司完成的业务已经转移到网络上,以悬赏的方式落入网络终端某一个专业人士手中。相信在不久的将来这种形式的业务承接将越来越多,每一个人就是网络上一个节点,通过网络实时交互平台完成以前需要在传统广告公司中繁琐业务流程下才能完成的任务。

广告公司组织将从严密变得松散,由集权走向分权,这将是信息技术带来的不可回避的趋势。广告公司应及早认识到这一趋势,尽快实现广告公司组织重构,在高度专业化的基础上,从更大范围和更多层面上实现网络化、虚拟化发展。打破原有的层级制的组织模式,构造"海星式"的分权化组织,加快组织内部和外部的物质和能量交换,让组织更具灵活性和生命力。

结　语

改革开放 30 多年来,中国经济成功地实现了从计划经济向市场经济的第一次转型,在这一次转型中,无论是 FDI 还是国有和民营企业的投资经营活动都是以生产制造业为主导的,制造经济推动着中国经济实现了快速增长。但是,由于第一次转型中中国经济的增长主要依赖的是资源、资本和简单劳动力的投入,自主创新的缺乏和创新能力的不足已经严重制约了中国产业及企业国际竞争力的提升和中国经济的持续增长,并可能导致中国经济在报酬递减的规律下沦入"追赶陷阱"和"路径锁定"。因此,从"制造经济"走向"创新经济"的第二次经济转型是中国经济走自主创新道路的必然选择。

正是在中国优化经济结构和产业结构,加快转变经济发展方式的第二次转型的背景下,广告产业从一般服务行业被列入第一梯队的重点文化产业,产业地位得到了极大的提升。2010 年 10 月 18 日中国共产党第十七届中央委员会第五次全体会议通过了《中共中央关于制定国民经济和社会发展第十二个五年规划的建议》,该建议首次以罕见大篇幅着力论述文化规划,将文化产业的"十二五"目标定位于推动文化产业从国民经济"新引擎"成长为"支柱性产业"。可见,作为文化产业重要构成的广告产业已经上升为与钢铁、汽车、纺织等一样重要的国家战略性产业,在国家经济转型中承担着重任。

国家经济的第二次转型和广告产业国家战略地位的确立之于广告产业意义重大,首先,拉动经济增长的"三驾马车"由过度依赖投资和出口,转向扩大消费需求,对以刺激消费拉动经济增长的广告产业无疑是一个利好;其次,优化产业结构以改造提升制造业、培育发展战略性新兴产业、加快发展服务业为主,对于以第二产业和第三产业为主要客户群体的广告产业是一个强大的驱动;再次,文化产业被确立为国民经济支柱性产业,传媒跨地域、跨行业、跨所有制经营和重组的逐步放开,规模化、集约化、专业化水平的逐渐提高,对于依附于传媒的广告产业更有直接的关联;最后,城镇率的提高和城乡区域协调发展,城乡居民收入的普遍较快增加,对于广告产业发展也是一个重要的支撑。我们有理由相信,在良好的宏观经济环境、较快的经济增长、庞大的经济总量、市场规模和产业规模的支撑下,在产业结构优化、相关产业发展质量提高、需求状况拉升等竞争劣势改善的情况下,在自身经营战略和业务转型的推动下,中国广告产业将会实现产业国家竞争力的迅速提升。本书的观点将在广告产业的未来发展中接受检验,笔者对此充满了期待。

关于中国广告产业竞争力研究,本书的意义在于两点:其一,对中国广告产业国际竞争力状况的分析和评价;其二,对中国广告产业国际竞争力提升策略的提出。在对中国广告产业国际竞争力"实然"和"应然"这两个问题的追问中,本书也存在诸多不足:一是本书所进行的广告产业国际竞争力比较涉及全球广告产业数据,难以保证所有的评价指标数据都能获取,因此,在评价指标的选取上进行了一定调整,尽管笔者在现有数据的基础上尽量保证了其代表性和可比性,但仍有缺憾也实属难以避免;二是综合评价体系指标中既包括定性指标,也包括定量指标,定性指标的量化一般采取专家评价后再进行量化统计,作为一般研究人员,尤其在国外专家的组织和获取上有较大难度;三是策略研究的重点在于广告产业内部系统可控因素,主要集中于中观层面和微观层面,对于广告产业外部环境、广告产业内部系统中不可控因素都未有涉及,这对于一个问题研究的完整性来说不免是一个缺陷。这些缺憾将在后续的研究中继续完善和推进。

附　表

附表1:广告产业竞争力调查问卷(中国)

1.您认为中国广告产业的法律法规健全性(　　　)

A. 很差　　　　B. 较差　　　　C. 一般　　　　D. 较好　　　　E. 很好

2.您认为中国广告产业政策的科学性(　　　)

A. 很差　　　　B. 较差　　　　C. 一般　　　　D. 较好　　　　E. 很好

3.您认为消费者的广告素养(　　　)

A. 很差　　　　B. 较差　　　　C. 一般　　　　D. 较好　　　　E. 很好

4.您认为广告主对待广告的观念和态度的成熟度(　　　)

A. 很低　　　　B. 较低　　　　C. 一般　　　　D. 较高　　　　E. 很高

5.您认为中国广告产业的集中度(　　　)

A. 很差　　　　B. 较差　　　　C. 一般　　　　D. 较好　　　　E. 很好

6.您认为中国 FDI 营业额占总营业额的比重(　　　)

A. 很小　　　　B. 较小　　　　C. 一般　　　　D. 较大　　　　E. 很大

7.您认为中国广告公司的市场规范程度(　　　)

A. 很低　　　　B. 较低　　　　C. 一般　　　　D. 较高　　　　E. 很高

8.您认为中国广告公司在生产经营中的创新行为(　　　)

A. 很少　　　　B. 较少　　　　C. 一般　　　　D. 较多　　　　E. 很多

9.您认为中国广告公司的品牌知名度(　　　)

A. 很小　　　B. 较小　　　　C. 一般　　　　D. 较大　　　　E. 很大

10.您认为中国广告创作、经营人才的总体素质(　　　)

A. 很差　　　B. 较差　　　　C. 一般　　　　D. 较好　　　　E. 很好

11.您认为广告企业的管理水平(　　　)

A. 很差　　　B. 较差　　　　C. 一般　　　　D. 较好　　　　E. 很好

12.您认为广告作品在国际上的影响力(　　　)

A. 很小　　　B. 较小　　　　C. 一般　　　　D. 较大　　　　E. 很大

附表 2:Questionnaire of Advertising Industry Competitiveness

1.How do you think the soundness of your country's advertising industry's laws and regulations? (　　　)

A. poor　　B. lower　　C. general　　D. good　　E. very good

2.How do you think the scientific nature of your country's advertising industry policy? (　　　)

A. poor　　B. lower　　C. general　　D. good　　E. very good

3.How do you think the consumers' advertising literacy? (　　　)

A. poor　　B. lower　　C. general　　D. good　　E. very good

4.How do you think the maturity degree of the advertisers' concepts and attitudes towards advertising? (　　　)

A. low　　B. lower　　C. general　　D. higher　　E. high

5.How do you think the concentration of your country's advertising industry? (　　　)

A. low　　B. lower　　C. general　　D. higher　　E. high

6.How do you think Foreign Direct Investment accounted for the proportion of total turnover in your country's advertising industry? (　　　)

A. small   B. smaller   C. general   D. larger   E. large

7.How do you think the degree of market regulation in your country's advertising company's（   ）

A. low   B. lower   C. general   D. higher   E. high

8.How do you think the innovative behavior of the production and management in your country's advertising companies? （   ）

A. little   B. less   C. general   D. more   E. many

9.How do you think the brand awareness of your country's advertising companies? （   ）

A. low   B. lower   C. general   D. higher   E. high

10.How do you think the overall quality of the creation and management personnel in your country's advertising companies? （   ）

A. poor   B. lower   C. general   D. good   E. very good

11.How do you think the management level of your country's advertising business? （   ）

A. poor   B. lower   C. general   D. good   E. very good

12.How do you think the influence of your country's advertising works in the international arena? （   ）

A. small   B. smaller   C. general   D. larger   E. large

附表3：广告产业竞争力评价指标体系专家赋权表

要素	权重	方面	权重	评价指标	权重
宏观环境		1.1 国家经济发展水平		1.1.1 人均 GDP（美元）	
				1.1.2 人均 GDP 增长率	
		1.2 国家经济结构		1.2.1 第三产业占 GDP 的比重（%）	
				1.2.2 第二产业占 GDP 的比重（%）	
		1.3 产业政策		1.3.1 广告产业政策的法律健全性	
				1.3.2 广告产业政策的科学性	
资源要素		2.1 人力资源		2.1.1 城市人口比重（%）	
				2.1.2 高等教育劳动力比率（%）	
				2.1.3 人文发展指数（HDI）	
				2.1.4 第三产业就业率（%）	
		2.2 知识资源		2.2.1 每百万人中研究人员数	
				2.2.2 科技刊物论文的发表数量	
				2.2.3 研发经费占 GDP 的比重（%）	
				2.3.4 知识产权的保护得分（排名）	
		2.3 资本资源		2.3.1 上市公司总市值占 GDP 比重	
				2.3.2 国外直接净流入投资（百万美元）	
				2.3.3 国内上市公司数量	
				2.3.4 股票市场资本总额（百万美元）	
				2.3.5 当地资本市场融资能力得分（排名）	
				2.3.6 获得贷款的容易性得分（排名）	
				2.3.7 风险投资的可获得性得分（排名）	
				2.3.8 金融市场成熟度得分（排名）	
		2.4 媒体资源		2.4.1 移动电话（部/千人）	
				2.4.2 国际互联网用户（个/千人）	
				2.4.3 人均国际互联网带宽（比特/人）	
				2.4.4 日报拥有量（份/千人）	
				2.4.5 电视拥有量（%）	
		2.5 客户资源		2.5.1 国内企业进入世界 500 强比率（%）	
				2.5.2 进入 500 强企业的平均营业额（亿美元）	
				2.5.3 进入 500 强企业的平均利润额（亿美元）	
				2.5.4 自有品牌的市场占有率（%）	

续表

要素	权重	方面	权重	评价指标	权重
主要相关产业发展状况		3.1 汽车业发展水平		3.2.1 汽车保有量(辆/千人)	
				3.2.2 汽车生产量	
				3.2.3 汽车销售量	
		3.2 食品业发展水平		3.3.1 食品饮料占制造业的比重(%)	
				3.3.2 食品产品年销售收入(百万美元)	
		3.5 纺织服装业发展水平		3.5.1 纺织服装占制造业的比重(%)	
				3.5.2 纺织服装产品年销售收入(百万美元)	
		3.6 零售业发展水平		3.6.1 国内零售企业进入全球250强比率(%)	
				3.6.2 零售业销售总额(百万美元)	
				3.6.3 批发贸易机动车及个人用品销售额(亿美元)	
		3.7 媒体业发展水平		3.7.1 信息化程度得分(排名)	
				3.7.2 人均信息通讯支出(美元)	
				3.7.3 信息通讯技术支出占GDP的比重(%)	
				3.7.4 媒体业年营业收入(百万美元)	
				3.7.5 出版业年营业收入(百万美元)	
				3.7.6 广电业年营业收入(百万美元)	
				3.7.7 电影娱乐业年营业收入(百万美元)	
				3.7.8 文化产业竞争力得分	
需求状况		4.1 消费者		4.1.1 人均国民总收入GNI(美元)	
				4.1.2 人均住户最终消费支出(美元)	
				4.1.3 消费者的广告素养	
		4.2 广告主		4.2.1 本地企业数量得分(排名)	
				4.2.2 本地企业质量得分(排名)	
				4.2.3 国内市场规模得分(排名)	
				4.2.4 国外市场规模得分(排名)	
				4.2.5 广告主的成熟度	

要素	权重	方面	权重	评价指标	权重
竞争实力		5.1 产业规模		5.1.1 广告产业营业额占 GDP 的比重(%)	
				5.1.2 广告产业增加值(亿美元)	
				5.1.3 广告产业增加值占全球广告产业的比率(%)	
				5.1.4 广告产业增加值占第三产业 GDP 的比重(%)	
		5.2 产业结构		5.2.1 广告产业集中度	
				5.2.2 FDI 营业额占总营业额的比重	
		5.3 产业效益		5.3.1 每名雇员创造营业收入(美元/人)	
				5.3.2 每名雇员创造利润(美元/人)	
				5.3.3 资产回报率(%)	
				5.3.4 资产负债率(%)	
		5.4 企业策略		5.4.1 企业经营环境(排名)	
				5.4.2 广告企业的品牌知名度	
				5.4.3 广告企业的创造性	
				5.4.4 广告企业的市场规范程度	
				5.4.5 广告创作、经营人才的总体素质	
				5.4.6 广告企业的管理水平	
				5.4.7 广告作品在国际上的影响力	

附表4:五个国家竞争力评价指标原始数据

评价指标	中国	日本	美国	英国	德国
1.1.1 人均GDP(美元)	2940	38210	47580	45390	42440
1.1.2 人均 GDP 增长率(%)	8.40	-0.70	0.20	0.10	1.50
1.2.1 第三产业占 GDP 的比重(%)	44.00	68.10	76.70	92.80	49.50
1.2.2 制造业占 GDP 的比重(%)	49.70	30.20	22.20	6.90	49.50

评价指标	中国	日本	美国	英国	德国
1.3.1 广告产业政策的法律健全性	2.3	6.2	6.6	5.9	6.5
1.3.2 广告产业政策的科学性	2.3	5.9	6.3	6.1	5.6
2.1.1 城市人口比重(%)	43.10	66.50	81.70	89.90	73.60
2.1.2 高等教育劳动力比率(%)	16.10	38.30	60.40	30.70	23.70
2.1.3 人文发展指数(HDI)	0.772	0.96	0.956	0.947	0.947
2.1.4 第三产业就业率(%)	32.40	66.60	77.70	76.40	67.80
2.2.1 每百万人中研究人员数	852	5511.9	4651.3	2995.3	3359
2.2.2 科技刊物论文的发表数量	41596	55471	205320	45572	44145
2.2.3 研发经费占 GDP 的比重(%)	1.42	3.40	5.69	5.54	4.44
2.3.4 知识产权的保护得分	3.4	5.6	5.4	6.0	6.5
2.3.1 上市公司总市值占 GDP 比重(%)	91.70	108.20	147.60	159.60	56.50
2.3.2 国内上市公司数量	1530	3362	5133	2913	656
2.3.3 股票市场资本总额(百万美元)	6226305	4726269	19425855	3794310	1637826
2.3.4 当地资本市场融资能力得分	4.2	5.9	5.7	5.7	5.5
2.3.5 获得贷款的容易性得分	2.6	3.7	5.1	5.3	4.4
2.3.6 风险投资的可获得性得分(排名)	3.0	3.9	5.3	5.1	4.4
2.3.7 金融市场成熟度得分	3.2	5.2	6.3	6.7	6.2
2.4.1 移动电话(部/千人)	478.26	864.46	889.63	1230.73	1305.64
2.4.2 国际互联网用户(个/千人)	224.8	689.59	723.54	794.07	760.9
2.4.3 人均国际互联网带宽(比特/人)	279.9	3734.1	11289.5	39650.4	25653.6
2.4.4 日报拥有量(份/千人)	74	551	194	292	267

评价指标	中国	日本	美国	英国	德国
2.4.5 电视拥有量(%)	89	99	99	98	98
2.5.1 国内企业进入世界500强比率(%)	8.60	13.60	28	5.20	7.80
2.5.2 进入500强企业的平均营业额(亿美元)	431.607	438.174	538.838	586.869	579.126
2.5.3 进入500强企业的平均利润额(亿美元)	22.5651	−0.8147	15.0964	12.15	3.2744
2.5.4 自有品牌的市场占有率(%)	3	4	19	39	34
3.1.1 汽车保有量(辆/千人)	38.5	591	823	580	536
3.1.2 汽车生产量	13790994	7934516	5711823	1090139	5209857
3.1.3 汽车销售量	9380502	5082235	13492328	2483585	3425115
3.2.1 食品饮料占制造业的比重(%)	4	11	14	15	9
3.2.2 食品产品年销售收入(百万美元)	53653	102720	238000	40442	53554
3.3.1 纺织服装占制造业的比重(%)	2	2	2	3	2
3.3.2 纺织服装产品年销售收入(百万美元)	26826.74	18676.36	34000	8088.3	11900.9
3.4.1 国内零售企业进入全球250强比率(%)	2	13	34	6	8
3.4.2 零售业销售总额(百万美元)	1046053	1150514	4018359	554400	490102
3.4.3 批发贸易机动车及个人用品销售额(亿美元)	1365.26	6673.76	16978	2443.85	3253.11
3.5.1 信息化程度得分	4.15	5.19	5.68	5.27	5.17
3.5.2 人均信息通讯支出(美元)	108	2688	3846	2721	2174
3.5.3 信息通讯技术支出占GDP的比重(%)	5.40	7.90	8.70	6.90	6.20
3.5.4 媒体业年营业收入(百万美元)	44500	98500	264000	40400	50400
3.5.5 出版业年营业收入(百万美元)	18957	38316.5	50688	12645.2	23990.4

评价指标	中国	日本	美国	英国	德国
3.5.6 广电业年营业收入（百万美元）	16198	41468.5	129360	16766	17640
3.5.7 电影娱乐业年营业收入（百万美元）	1335	12312.5	48048	7514.4	5493.6
3.5.8 文化产业竞争力得分	29.9	46.9	72.5	46.2	48.7
4.1.1 人均国民总收入 GNI（美元）	2940	38210	47580	45390	42440
4.1.2 人均住户最终消费支出（美元）	690	22258	30617	13851	18729
4.1.3 消费者的广告素养	2.5	5.6	5.9	6.1	5.8
4.2.1 本地企业数量得分	5.2	6.3	5.7	5.3	6.3
4.2.2 本地企业质量得分	4.3	6.3	5.8	5.6	6.5
4.2.3 国内市场规模得分	6.7	6.2	7.0	5.7	5.8
4.2.4 国外市场规模得分	7.0	5.8	6.3	5.8	6.2
4.2.5 广告主的成熟度	2.6	5.7	6.0	5.1	4.9
5.1.1 广告产业营业额占 GDP 的比重（%）	0.17	0.12	0.23	0.15	0.10
5.1.2 广告产业增加值（亿美元）	70	64	337	34.02	32.849
5.1.3 广告产业增加值占全球广告产业的比率（%）	7.11	6.56	34.50	3.48	3.35
5.1.4 广告产业增加值占第三产业 GDP 的比重（%）	0.39	0.18	0.30	0.16	0.20
5.2.1 广告产业集中度	2.8	4.4	5.5	5.1	3.9
5.2.2 FDI 营业额占总营业额的比重	2.5	0.5	1.0	1.2	1.1
5.3.1 每名雇员创造营业收入（美元/人）	53458	182289	168367	131588	221667
5.3.2 每名雇员创造利润（美元/人）	249	6662.7	8086	6274	10053
5.3.3 资产回报率（%）	0.30	1.03	2.85	4.90	3.30
5.3.4 资产负债率（%）	56.50	51.43	76.15	87.70	81.45
5.4.1 企业经营环境排名	89	15	4	5	25
5.4.2 广告企业的品牌知名度	2.1	6.5	7.4	6.9	4.1

评价指标	中国	日本	美国	英国	德国
5.4.3 广告企业的创造性	2.3	3.3	4.1	5.3	3.9
5.4.4 广告企业的市场规范程度	2.0	6.7	6.3	6.7	7.1
5.4.5 广告创作、经营人才的总体素质	2.6	4.9	5.3	5.6	5.1
5.4.6 广告企业的管理水平	2.5	4.3	4.8	5.1	5.7
5.4.7 广告作品在国际上的影响力	1.9	5.3	7.6	6.3	5.9

附表 5：中国广告产业竞争力指数模拟测算项目调整比较表

评价指标	中国	平均值	最优值
1.1.1 人均 GDP（美元）	2940	35312	47580
1.1.2 人均 GDP 增长率（%）	8.40	1.90	8.40
1.2.1 第三产业占 GDP 的比重（%）	44.00	66.22	92.80
1.2.2 制造业占 GDP 的比重（%）	49.70	31.7	49.70
1.3.1 广告产业政策的法律健全性	2.3	5.5	6.6
1.3.2 广告产业政策的科学性	2.3	5.4	6.3
2.1.1 城市人口比重（%）	43.10	70.96	89.90
2.1.2 高等教育劳动力比率（%）	16.10	33.84	60.40
2.1.3 人文发展指数（HDI）	0.772	0.9164	0.96
2.1.4 第三产业就业率（%）	32.40%	0.6418	0.777
2.2.1 每百万人中研究人员数	852	3473.9	5511.9
2.2.2 科技刊物论文的发表数量	41596	78420.8	205320
2.2.3 研发经费占 GDP 的比重（%）	1.42	4.10	5.69
2.3.4 知识产权的保护得分	3.4	5.4	6.5
2.3.1 上市公司总市值占 GDP 比重	91.70%	1.1272	1.596
2.3.2 国内上市公司数量	1530	2718.8	5133

评价指标	中国	平均值	最优值
2.3.3 股票市场资本总额(百万美元)	6226305	7162113	19425855
2.3.4 当地资本市场融资能力得分	4.2	5.4	5.9
2.3.5 获得贷款的容易性得分	2.6	4.2	5.3
2.3.6 风险投资的可获得性得分	3.0	4.3	5.3
2.3.7 金融市场成熟度得分	3.2	5.5	6.7
2.4.1 移动电话(部/千人)	478.26	953.744	1305.64
2.4.2 国际互联网用户(个/千人)	224.8	638.58	794.07
2.4.3 人均国际互联网带宽(比特/人)	279.9	16121.5	39650.4
2.4.4 日报拥有量(份/千人)	74	275.6	551
2.4.5 电视拥有量(%)	89%	0.966	0.99
2.5.1 国内企业进入世界500强比率(%)	8.60%	0.1264	0.28
2.5.2 进入500强企业的平均营业额(亿美元)	431.606977	514.9226	586.8692
2.5.3 进入500强企业的平均利润额(亿美元)	22.5651163	10.45424	22.56512
2.5.4 自有品牌的市场占有率(%)	3%	0.198	0.39
3.1.1 汽车保有量(辆/千人)	38.5	513.7	823
3.1.2 汽车生产量	13790994	6747466	13790994
3.1.3 汽车销售量	9380502	6772753	13492328
3.2.1 食品饮料占制造业的比重(%)	4%	0.106	0.15
3.2.2 食品产品年销售收入(百万美元)	53653.48	97673.8	238000
3.3.1 纺织服装占制造业的比重(%)	2%	0.022	0.03
3.3.2 纺织服装产品年销售收入(百万美元)	26826.74	19898.46	34000
3.4.1 国内零售企业进入全球250强比率(%)	2%	0.126	0.34
3.4.2 零售业销售总额(百万美元)	1046053	1451886	4018359
3.4.3 批发贸易机动车及个人用品销售额(亿美元)	1365.26	6142.796	16978
3.5.1 信息化程度得分	4.15	5.09	5.68
3.5.2 人均信息通讯支出(美元)	108	2307.4	3846
3.5.3 信息通讯技术支出占GDP的比重(%)	5.40%	0.0702	0.087
3.5.4 媒体业年营业收入(百万美元)	44500	99560	264000
3.5.5 出版业年营业收入(百万美元)	18957	28919.42	50688
3.5.6 广电业年营业收入(百万美元)	16198	44286.5	129360

评价指标	中国	平均值	最优值
3.5.7 电影娱乐业年营业收入(百万美元)	1335	14940.7	48048
3.5.8 文化产业竞争力得分	29.9	48.84	72.5
4.1.1 人均国民总收入 GNI(美元)	2940	35312	47580
4.1.2 人均住户最终消费支出(美元)	690	17229	30617
4.1.3 消费者的广告素养	2.5	5.2	6.1
4.2.1 本地企业数量得分	5.2	5.8	6.3
4.2.2 本地企业质量得分	4.3	5.7	6.5
4.2.3 国内市场规模得分	6.7	6.3	7.0
4.2.4 国外市场规模得分	7.0	6.2	7.0
4.2.5 广告主的成熟度	2.6	4.9	6.0
5.1.1 广告产业营业额占 GDP 的比重(%)	0.17%	0.00154	0.0023
5.1.2 广告产业增加值(亿美元)	70	107.5738	337
5.1.3 广告产业增加值占全球广告产业的比率(%)	7.11%	0.11	0.345
5.1.4 广告产业增加值占第三产业 GDP 的比重(%)	0.39%	0.00246	0.0039
5.2.1 广告产业集中度	2.8	4.3	5.5
5.2.2 FDI 营业额占总营业额的比重	2.5	1.3	2.5
5.3.1 每名雇员创造营业收入(美元/人)	53458	151473.8	221667
5.3.2 每名雇员创造利润(美元/人)	249	6264.933	10053
5.3.3 资产回报率(%)	0.30%	0.02476	0.049
5.3.4 资产负债率(%)	56.50%	0.70646	0.877
5.4.1 企业经营环境排名	89	28	89
5.4.2 广告企业的品牌知名度	2.1	5.4	7.4
5.4.3 广告企业的创造性	2.3	3.8	5.3
5.4.4 广告企业的市场规范程度	2.0	5.8	7.1
5.4.5 广告创作、经营人才的总体素质	2.6	4.7	5.6
5.4.6 广告企业的管理水平	2.5	4.5	5.7
5.4.7 广告作品在国际上的影响力	1.9	5.4	7.6

主要参考文献

一、译著类中文文献

[1][美]迈克尔·波特:《竞争优势》,陈小悦译,北京:华夏出版社,2005年。

[2][美]迈克尔·波特:《竞争论》,刘宁、高登第、李明轩译,北京:中信出版社,2009年。

[3][美]迈克尔·波特:《国家竞争优势》,李明轩、邱如美译,北京:华夏出版社,2002年。

[4][美]迈克尔·波特:《竞争战略》,陈小悦译,北京:华夏出版社,2005年。

[5][美]理查德·维尔特:《国家竞争力:全球经济中的国家战略、结构和政府》,刘波、许晴译,北京:中信出版社,2009年。

[6][美]小艾尔弗雷德·钱德勒:《规模与范围:工业资本主义的原动力》,北京:华夏出版社,2006年。

[7][英]安格斯·麦迪森:《世界经济千年统计》,北京:北京大学出版社,2009年。

[8][美]马丁·迈耶:《麦迪逊大道:不可思议的美国广告业和广告人》,海口:海南出版社,1999年。

[9][美]安·E.韦斯:《奇妙的广告世界:广告在美国经济发展中的作用》,武汉:湖北人民出版社,1985年。

[10][美]威雅:《颠覆广告:麦迪逊大街美国广告业发家的历程》,呼和浩特:内蒙古人民出版社,1999年。

[11][美]大卫·奥格威:《一个广告人的自白》,林桦译,北京:中国友谊出版公司,1991年。

[12][美]唐·舒尔茨等:《整合营销传播》,吴怡国等译,北京:中国物价出版社,2002年。

[13][美]道恩·亚科布奇、博卡·卡尔德:《凯洛格论整合营销》,邱琼、王辉锋译,海口:海南出版社、三环出版社,2007年。

[14][美]丹尼斯·麦奎尔:《受众分析》,北京:中国人民大学出版社,2004年。

[15][美]J.托马斯·拉塞尔:《克莱普纳广告教程(第十五版)》,北京:中国人民大学

出版社,2005年。

[16][美]约翰·帕夫利克:《新媒体技术——文化和商业前景(第2版)》,周勇译,北京:清华大学出版社,2005年。

[17][美]罗杰·菲德勒:《媒介形态变化:认识新媒介》,明安香译,北京:华夏出版社,2000年。

[18][美]米切尔·舒德森:《广告:艰难的说服——广告对美国社会影响的不确定性》,陈安全译,北京:华夏出版社,2003年。

[19][美]迈克尔·J.沃尔夫:《娱乐经济:传媒力量优化生活》,黄光伟等译,北京:光明日报出版社、科文出版有限公司,2001年。

[20][美]马克·波斯特:《第二媒介时代》,南京:南京大学出版社,2000年。

[21][美]尼葛洛庞蒂:《数字化生存》,胡泳、范海燕译,海口:海南出版社,1996年。

[22][美]保罗·利文森:《软边缘:信息革命历史与未来》,熊澄宇等译,北京:清华大学出版社,2002年。

[23][美]理查德·L.达夫特:《管理学》(第5版),北京:机械工业出版社,2005年。

[24][美]托马斯·鲍德温、史蒂文森·麦克沃依、查尔斯·斯坦菲尔德:《大汇流:整合媒介信息与传播》,龙耘、官希明译,北京:华夏出版社,2000年。

[25][美]威廉·阿伦斯:《当代广告学》(第8版),丁俊杰等译,北京:人民邮电出版社,2005年。

[26][美]约瑟夫·塔洛:《分割美国:广告主与新媒介世界》,北京:华夏出版社,2003年。

[27][美]朱丽安·西沃卡:《肥皂剧、性、香烟:美国广告200年经典范例》,周向民、田力男译,北京:光明日报出版社,1999年。

二、国内论著类中文文献

[28]裴长洪:《利用外资与产业竞争力》,北京:社会科学文献出版社,1998年。

[29]芮明杰:《中国产业竞争力报告》,上海:上海人民出版社,2004年。

[30]吴宗杰:《中日韩产业竞争力的比较研究》,北京:中国经济出版社,2007年。

[31]王传英:《关联与集聚:影响东道区域产业竞争力的关键因素》,北京:经济科学出版社,2009年。

[32]赵彦云:《中国产业竞争力研究》,北京:经济科学出版社,2009年。

[33]金碚:《竞争力经济学》,广州:广东经济出版社,2003年。

[34]厉无畏:《中国产业发展的前沿问题》,上海:上海人民出版社,2003年。

[35]赵洪斌:《改革开放以来中国产业演化与竞争力研究》,北京:中国传媒大学出版社,2008年。

[36]张泽一:《产业政策与产业竞争力研究》,北京:冶金工业出版社,2009年。

[37]刘小铁:《产业竞争力因素分析》,南昌:江西人民出版社,2009年。

[38]张其仔:《中国产业竞争力报告》,北京:社会科学文献出版社,2010年。

[39]祁述裕:《中国文化产业国际竞争力报告》,北京:社会科学文献出版社,2004年。

[40]花建:《文化产业竞争力》,广州:广东人民出版社,2005年。

[41]顾江:《文化产业研究:文化软实力与产业竞争力》,南京:南京大学出版社,2006年。

[42]范鲁彬:《中国广告30年全数据》,北京:中国市场出版社,2009年。

[43]倪鹏飞:《中国国家竞争力报告》,北京:社会科学文献出版社,2010年。

[44]王秀奎主编:《世界经济年鉴2009/2010年卷》,世界经济年鉴编辑委员会出版,2010年。

[45]卢泰宏、何佳讯:《蔚蓝智慧:解读十大跨国广告公司》,广州:羊城晚报出版社,2000年。

[46]张岩贵:《跨国公司全球竞争与中国》,北京:中国经济出版社,2007年。

[47]刘明:《基于新竞争力视角的企业规模经济性研究》,北京:冶金工业出版社,2010年。

[48]崔世娟、蓝海林:《我国企业集团重组规模与绩效关系研究》,北京:经济科学出版社,2008年。

[49]迟树功、杨渤海:《企业集团发展规模经济研究》,北京:经济科学出版社,2000年。

[50]魏成龙:《企业规模经济:企业购并与企业集团发展研究》,北京:中国经济出版社,1999年。

[51]余秀江:《企业群落演进、运行与治理研究》,北京:中国经济出版社,2006年。

[52]景跃军:《战后美国产业结构演变及欧盟比较研究》,长春:吉林人民出版社,2006年。

[53]吴晓求:《全球金融变革中的中国金融与资本市场》,北京:中国人民大学出版社,2010年。

[54]吴晓求:《中国资本市场分析要义》,北京:中国人民大学出版社,2006年。

[55]中国证券监督管理委员会编:《中国资本市场发展报告》,北京:中国金融出版社,2008年。

[56]吴晓求、赵锡军、瞿强:《经济调整中的中国经济增长与资本市场》,北京:中国人民大学出版社,2007年。

[57]付彦:《知识共享型组织结构》,北京:经济管理出版社,2008年。

[58]卢中原:《世界产业结构变动趋势和我国的战略选择》,北京:人民出版社,2009年。

[59]刘刚等:《中国经济的第二次转型:从制造经济到创新经济》,北京:中国财政经济出版社,2010年。

[60]辜胜阻:《危机应对之策与经济转型之道》,北京:科学出版社,2010年。

［61］邵云飞、唐小我、陈新有：《基于网络视角的产业集群创新》，成都：电子科技大学出版社，2008年。

［62］迟福林、傅治平：《转型中国：中国未来发展大走向》，北京：人民出版社，2010年。

［63］王海英：《企业转型与自主创新的新模式》，北京：中国经济出版社，2006年。

［64］王起静：《企业成长过程中的主营业务转型研究》，北京：科学出版社，2007年。

［65］程洁：《新数字媒介论稿》，上海：上海三联书店，2007年。

［66］陈刚等：《新媒体与广告》，北京：中国轻工业出版社，2002年。

［67］杜国清主编：《新媒体激变：广告2.0时代的新媒体真相》，北京：中信出版社，2008年。

［68］杜国清：《广告即战略：品牌竞合时代的战略广告观》，北京：中国传媒大学出版社，2004年。

［69］傅玉辉：《大媒体产业：从媒介融合到产业融合——中美电信业和传媒业关系研究》，北京：中国广播电视出版社，2008年。

［70］黄楚新：《嬗变与重构——中国IPTV发展现状与走向》，北京：中国传媒大学出版社，2008年。

［71］黄升民主编：《中国数字新媒体发展战略研究》，北京：中国广播电视出版社，2008年。

［72］刘千桂：《众媒介理论——广告解放运动宣言》，北京：中国传媒大学出版社，2008年。

［73］陆小华：《整合传媒》，北京：中信出版社，2002年。

［74］刘文沛、应宜伦：《互动广告创意与设计》，北京：中国轻工业出版社，2007年。

［75］卢小雁、张琦：《电子媒介广告》，杭州：浙江大学出版社，2006年。

［76］刘泓编：《广告社会学》，武汉：武汉大学出版社，2006年。

［77］李海峰：《网络传播与新广告》，武汉：武汉出版社，2002年。

［78］邱小平：《表达自由——美国第一宪法修正案研究》，北京：北京大学出版社，2005年。

［79］芮明杰、刘明宇、任江波：《论产业链整合》，上海：复旦大学出版社，2006年。

［80］舒咏平：《广告创意思维》，合肥：安徽人民出版社，2004年。

［81］舒咏平、陈少华、鲍立泉：《新媒体与广告互动传播》，武汉：华中科技大学出版社，2006年。

［82］孙建红主编：《电子商务案例分析》，北京：对外经济贸易大学出版社，2008年。

［83］王菲：《媒介大融合：数字新媒体时代下的媒介融合论》，广州：南方日报出版社，2007年。

［84］王文科主编：《传媒导论》，杭州：浙江大学出版社，2006年。

［85］王宏编著：《数字媒体解析》，重庆：西南师范大学出版社，2006年。

［86］王霆、卢爽主编：《数字化营销》，北京：中国纺织出版社，2003年。

[87]许志玲、赵莉编著:《数据库营销:分众营销时代的营销利器》,北京:企业管理出版社,2008年。

[88]徐保民主编:《电子商务的数据管理技术》,北京:中国水利水电出版社,2005年。

[89]许俊基主编:《中国广告史》,北京:中国传媒大学出版社,2006年。

[90]赵琛:《中国广告史》,北京:高等教育出版社,2008年。

[91]杨海军、王成文:《世界商业广告史》,开封:河南大学出版社,2006年。

[92]陈培爱:《中外广告史——站在当代视角的全面回顾(第二版)》,北京:中国物价出版社,2002年。

[93]陈刚主编:《当代中国广告史:1979—1991》,北京:北京大学出版社,2010年。

[94]黄艳秋、杨栋杰:《中国当代商业广告史》,开封:河南大学出版社,2006年。

[95]苏士梅:《中国近现代商业广告史》,开封:河南大学出版社,2006年。

[96]张金海、程明主编:《新编广告学概论》,武汉:武汉大学出版社,2009年。

[97]张金海:《20世纪广告传播理论研究》,武汉:武汉大学出版社,2002年。

三、论文类中文文献

[98]陈培爱:《中国广告业:发展中摆脱困境》,《广告大观综合版》2007年第6期。

[99]程洁:《试论新旧媒介的划分》,《国际新闻界》2006年第5期。

[100]程士安:《国际视野下的中国广告业发展之路》,《广告大观综合版》2007年第6期。

[101]程明、姜帆:《整合营销传播背景下广告产业形态的重构》,《武汉大学学报(人文科学版)》2009年第4期。

[102]陈刚:《后广告时代——互联网时代的广告空间》,《现代广告》2001年第7期。

[103]陈刚:《后广告时代——创意传播管理革命》,《广告大观综合版》2008年第7期。

[104]蔡雯:《媒介大汇流下的"融合新闻"》,《传媒观察》2006年第10期。

[105]陈致烽:《数字电视广告生存形态探析》,《福建师范大学福清分校学报》2006年第2期。

[106]陈致烽:《广告专业频道——数字电视时代的新选择》,《广告大观(综合版)》2008年第2期。

[107]陈欢:《重新审视整合营销传播》,《中国广告》2002年第1期。

[108]陈岩:《广告媒体的数字化未来》,《广告人》2007年第11期。

[109]程士安:《数字化时代广告业的"蓝海"究竟在哪里?》,《广告大观(综合版)》2007年第3期。

[110]邓敏:《我国广告产业集群现状分析》,《当代传播》2008年第1期。

[111]戴丽娜:《数字化时代背景下的广告传播》,《网络与信息》2008年第9期。

[112]丁俊杰:《2008年,中国广告业的动力与动向》,《山西大学学报(哲学社会科学

版)》2008 年第 5 期。

[113] 苟凯:《解开数字报发展的谜题》,《中国传媒科技》2008 年第 7 期。

[114] 郭炜华:《新媒体基本特质及发展趋势》,《中华新闻报》2006 年 3 月 15 日。

[115] 黄升民:《中国电视媒介的数字化生存》,《现代传播》1999 年第 6 期。

[116] 黄升民:《分与聚:一个潮流五大关键》,《广告大观(综合版)》2007 年第 6 期。

[117] 黄升民、杨雪睿:《碎片化背景下的分众传播与新媒体发展》,《广告主》2006 年第 5 期。

[118] 黄升民:《广告市场环境的变化与营销应对》,《中国广告》2006 年第 8 期。

[119] 何佳讯、丁钉:《整合营销传播范式下的西方广告公司组织变革》,《外国经济与管理》2004 年 1 月。

[120] 黄迎新:《数字技术背景下的广告生存形态变迁》,《东南传播》2009 年第 6 期。

[121] 季桂保:《博德里亚的"消费社会"批判理论述评》,《国外社会科学》1999 年第 2 期。

[122] 廖秉宜:《韩国企业集团广告公司的发展及其启示》,《广告大观理论版》2006 年第 6 期。

[123] 廖秉宜:《日本媒介型广告公司的发展及其启示》,《广告大观理论版》2007 年第 1 期。

[124] 来向武、赵战花:《媒介特征与传播偏向的优势——当前我国数字报纸的媒介形态变化探析》,《新闻知识》2008 年第 1 期。

[125] 刘瑞生:《播客:Web2.0 时代的典型传媒形态——国内播客现状研究》,《中国传媒科技》2006 年第 5 期。

[126] 刘雪颖:《从媒介形态的嬗变看数字电视现状和发展》,《当代传播》2003 年第 5 期。

[127] 李彦魁、闵大洪:《报业数据库建设是实现数字报业战略的重要内容》,《中国报业》2006 年第 10 期。

[128] 李金铨:《中国媒介的全球性和民族性:话语、市场、科技以及意识形态》,《二十一世纪》2003 年 1 月号总第 10 期。

[129] 林升梁:《数字电视广告生存形态探析》,《广告大观(综合版)》2008 年第 2 期。

[130] 梁华伟:《数字传播时代广告互动性探析》,《网络财富》2008 年第 7 期。

[131] 刘静:《中国广告业数字化发展内涵初探》,《中国广告》2007 年第 1 期。

[132] 孟建:《透视大整合中的中国电视业》,《现代传播》2001 年第 5 期。

[133] 舒咏平:《数字传播环境下广告观念的变革》,《新闻大学》2007 年第 1 期。

[134] 沈海晖:《论数字时代广告表现的变革》,《江西科技师范学院学报》2004 年第 10 期。

[135] 唐超:《数字报业时代信息的多重开发》,《中国报业》2007 年第 1 期。

[136] 王鸿涛:《媒介融合现状与前景》,《中国记者》2007 年第 6 期。

[137]王菲:《媒介融合中广告形态的变化》,《广告大观理论版》2007年第6期。

[138]王国平:《产业形态特征、演变与产业升级》,《中共浙江省委党校学报》2009年第6期。

[139]肖盼章:《媒介形态视角下的网络电视研究》,《商业文化(学术版)》2007年第5期。

[140]谢征、胡媛媛:《从铅火时代到赛博空间——试谈我国报纸出版印刷技术的发展》,《中国传媒科技》2004年第7期。

[141]徐君康:《数字报业价值链的审视》,《当代传播》2008年第4期。

[142]许颖:《互动·整合·大融合——媒体融合的三个层次》,《国际新闻界》2006年第7期。

[143]喻国明:《报网互动:从传统报业向数字报业的转型——当前中国传媒产业面临的三种转型(下)》,《中国传媒科技》2007年第4期。

[144]喻国明、李莹:《"Web 圆桌"的演进及其社会效应》,《新闻与写作》2008年第10期。

[145]喻国明:《关于当前中国传媒产业发展的战略思考》,《山西大学学报(哲学社会科学版)》2007年1月

[146]于小川:《技术逻辑与制度逻辑——数字技术与媒介产业发展》,《武汉大学学报(人文科学版)》2007年第6期。

[147]余晓莉:《广告营销功能观的历史变迁与现代转型》,《武汉大学学报(人文科学版)》2009年第4期。

[148]叶茂中:《危机与机遇:互动时代的中国广告业》,《广告大观综合版》2007年第6期。

[149]杨海军:《媒介融合背景下中国广告理论与实践的十大话题》,《新闻界》2007年第6期。

[150]张金海:《广告的现实生存与未来发展》,《武汉大学学报(人文科学版)》2009年7月第4期。

[151]张金海:《中国广告产业将走向何方?——中国广告产业现状与发展模式研究报告》,《现代广告》2006年第7期。

[152]张金海、黄迎新:《广告代理的危机与广告产业的升级与转型》,《广告大观综合版》2007年第6期。

[153]张金海、廖秉宜:《中国广告产业集群化发展的战略选择与制度审视》,《广告大观理论版》2009年第1期。

[154]张金海、廖秉宜:《中国广告产业核心竞争力的消解与重构》,《中国媒体发展研究报告2008年卷》。

[155]张金海、廖秉宜:《网络与数字传播时代广告告知功能的回归》,《广告大观综合版》2006年第7期。

［156］张金海、王润珏：《数字技术与网络传播背景下的广告生存形态》，《武汉大学学报（人文科学版）》2009年第4期。

［157］周明：《手机广告有可能成为下一个数字传媒平台》，《中国新通信》2008年12月。

［158］张春林：《报业集团数据库营销思路分析》，《长江师范学院学报》第25卷第3期2009年5月。

［159］朱建伟：《数字传媒时代媒体的网络化生存》，《新闻爱好者》2008年8月（下半月）。

［160］张立勤：《20年后媒介形态变化断想》，《青年记者》2007年9月上。

［161］黄迎新：《整合营销传播理论批评与建构》，武汉大学博士学位论文，2008年。

［162］卢安宁：《数字时代的广告生存形态研究》，武汉大学博士论文，2008年。

［163］刘贵富：《产业链基本理论研究》，吉林大学博士学位论文，2006年。

［164］廖秉宜：《自主与创新：中国广告产业发展研究》，武汉大学博士学位论文，2008年。

［165］熊蕾：《广告的权力机制研究》，武汉大学博士论文，2008年。

［166］徐沁：《泛媒体时代的生存法则——论媒介融合》，浙江大学博士论文，2008年。

［167］于小川：《技术逻辑与制度逻辑——数字技术背景下中国传媒产业发展研究》，2008年。

四、英文文献

［168］DATAMONITOR（2010）. *Advertising Industry Profile：United States.* Business Source Complete，Jul2010.

［169］DATAMONITOR（2010）. *Advertising Industry Profile：the Netherlands.* Business Source Complete，Jul2010.

［170］DATAMONITOR（2010）. *Advertising Industry Profile：United Kingdom.* Business Source Complete，Jul2010.

［171］DATAMONITOR（2010）. *Advertising Industry Profile：Spain.* Business Source Complete，Jul2010.

［172］DATAMONITOR（2010）. *Advertising Industry Profile：Japan.* Business Source Complete，Jul2010.

［173］DATAMONITOR（2010）. *Advertising Industry Profile：Italy.* Business Source Complete，Jul2010.

［174］DATAMONITOR（2010）. *Advertising Industry Profile：Global.* Business Source Complete，Jul2010.

［175］DATAMONITOR（2010）. *Advertising Industry Profile：Germany.* Business Source Complete，Jul2010.

[176] DATAMONITOR (2010). *Advertising Industry Profile*: *France*. Business Source Complete, Jul2010.

[177] DATAMONITOR (2010). *Advertising Industry Profile*: *Europe*. Business Source Complete, Jul2010.

[178] DATAMONITOR (2010). *Advertising Industry Profile*: *China*. Business Source Complete, Jul2010.

[179] DATAMONITOR (2010). *Advertising Industry Profile*: *Canada*. Business Source Complete, Jul2010.

[180] DATAMONITOR (2010). *Advertising Industry Profile*: *Belgium*. Business Source Complete, Jul2010.

[181] DATAMONITOR (2010). *Advertising Industry Profile*: *Asia-Pacific*. Business Source Complete, Jul2010.

[182] Alexander, Jonathan (2008). *Media convergence*: *creating content, questioning relationships*. Computers & Composition, 25(1), 1-8.

[183] A. Michael Noll (2003). "The myth of convergence". *The International Journal on Media Management*, Vol. 5 No. 1, 12-13.

[184] Asle Rolland (2003). "Convergence as strategy for value creation". *The International Journal on Media Management*, Vol. 5 No. 1, 14-24.

[185] Anders Gronstedt, Esther Thorson, "Five Approaches to Organize an Integrated Marketing Communication Agency", *Journal of Advertising Research*, Mar/Apr1996, Vol. 36 Issue 2, 48-57.

[186] Bum Soo Chon, Junho. H Choi, George A. Barnett, JamesA. Danowski, Sung-Hee Joo (2003). "A structural analysis of media convergence: cross-industry mergers and acquisitions in the information industries". *Journal of Media Economics*, 16(3), 141-157.

[187] Bernd W. Wirtz (1999). "Convergence processes, value constellations and integration strategies in the multimedia business". *The International Journal on Media Management*, Vol. 1 No. 1, 14-22.

[188] Christina Spurgeon, *Advertising and New Media*, Routledge, 2008.

[189] Christopher Grosso, Amy Guggenheim Shenkan, and Bart Sichel (2006). "The Promise of Digital Advertising". *Customer Relationship Management*, Jun 2006, Vol. 10 Issue 6, 48.

[190] Hawkins, Donald T (2006). "Digitization: from inception to income". *Information Today*, 23(5), 29-30.

[191] H.A.Innis, *The Bias of Communication*. Toronto: University of Toronto Press. 1951.

[192] Juran Kim and Sally J. McMillan (2008). "Evaluation of Internet Advertising Research." *Journal of Advertising*, Spring 2008, vol. 37, No. 1, 99-112.

［193］Jennifer Wood Adams（2007）. U. S. "Weekly newspapers embrace web sites". *Newspaper Research Journal*,28(4),36-50.

［194］John Dimmick,Yan Chen,Zhan Li（2004）."Competition between the internet and traditional news media:the gratification-opportunities niche dimension". *Journal of Media Economics*,17(1),19-33.

［195］Jenkins,Henry(2004)."The cultural logic of media convergence".*International Journal of Cultural Studies*,7(1),33-43.

［196］Kenneth C.Killebrew(2003)."Culture,creativity and convergence:managing journalists in a changing information workplace".*The International Journal on Media Management*, Vol. 5 No. 1,39-46.

［197］K.Ganesh,*Digital Media:Building the Global Audience*,Gnosis,2006.

［198］King,Douglas（2008）."Digital information and knowledge management".*Journal of Electronic Resources Librarianship*,2(1)71-73.

［199］L. Carol Christopher. "Atex Teams with 2AdPro to Bolster Newspapers' Online Ad Services".*The Seybold Report*,8(15),3.

［200］Lou Lichtenberg(1999)."Influences of electronic developments on the role of editors and publishers—stratigic issues".*The International Journal on Media Management*,Vol. 1 No. 1, 23-29.

［201］Martha Garcia-Murillo(2003)."The impact of technological convergence on the regulation of industries".*The International Journal on Media Management*,Vol. 5 No. 1,57-67.

［202］Michelle R.Nelson(2008)."The Hidden Persuaders:Then and Now".*Journal of Advertising*,Vol. 37,Iss. 1,113.

［203］Rich Gordon,"The Meanings and Implication of Convergence",*Digital Journalism: Emerging Media and the Changing Horizons of Journalism*,New York:Rowman&Littlefield, 57-73.

［204］Steven S Ross（2008）."Ambivalence toward convergence:digitalization and media change".*Journalism and Mass Communication Quarterly*,85(2).

［205］Yu-Hui Tao,Chu-Chen Rosa Yeh(2003)."Simple database marketing tools in customer analysis and retention",*International Journal of Information Management*,Volume 23, Issue 4,August 2003,291-301.

后 记

本书是笔者在博士论文的基础上修订而成,毕业三年之后才将这本小书付梓,一方面因为自己的疏懒,另一方面也是自忖浅陋未敢奉之于人前。

2005 年我从武汉大学新闻学专业硕士毕业,去到一个美丽的海滨城市担任广告专业教师,从此开始了与广告学结缘同行的日子。由于新闻学与广告学在涉及领域和研究范式上均有诸多不同,常常令我在教学和科研中陷入困顿。2008 年有幸拜于张金海先生门下,换做一个纯粹的学生身份再次踏足珞珈山。感念美丽的珞珈山以厚重内敛、自由包容、浩瀚博大给我以滋养,更感激我的博士生导师张金海教授在我跌跌撞撞的学术之路上给我指引了方向,为我打开了一扇门,让我在黑暗的摸索中看到了光亮。在学术上,先生在三个方面对我有很重要的影响:其一,先生对学术的忠诚和执着;其二,先生对学术重要问题的判断和把握;其三,先生极其优秀的学术表达能力。在生活中,学者的严谨和诗人的豪情在先生身上和谐而统一,尤其在我因为学术之路的艰难而心生怯意之时,先生充满激情的话语就像寒夜的火把鼓励着我继续前行。"高山仰止,景行行止,虽不能至,心向往之",先生给学生有形和无形的影响都必定在学生的未来留下深深的烙印,学生将奉之以准,行之以身。

拙著的写就从选题到框架再到撰写,已经记不清修改过多少稿了,这其中浸透了我的博士导师张金海先生的大量心血。每每在我陷入云山雾罩之时,先生总能高屋建瓴,拨云见日,这种醍醐灌顶的欣喜在这种学术训练中屡屡发生,总能让我深有感触、深受启发,也将让我受用终身。小文的撰写经历了清爽的秋、严寒的冬、和煦的春,尤其是在 2010 年年底这个"千年极寒"的冬,我常常奔波于武大图书馆、经管院资料室、新传院资料室和樱园老斋舍之间，在暖气不足的房间里一边呵着手，一边查询着一个一个的数据，在学校学生都放假回家、食堂停业后，我只能去超市买个冰冷的面包，就着一杯热咖啡，穿梭在雨雪纷飞的校园。写作的过程中，有多少次枯坐在电脑前，盯着屏幕，半天敲不出一个字，让我常常生出文思枯竭的焦虑；又有多少次打了一些字，觉得不行，删掉再写，不行，再删再写，如此的写写删删，令人无比烦躁；当然有时也会文思泉涌，噼噼啪啪一气顺畅地敲下去，这时又是多么酣畅爽快。

在拙著终于要面世之际，要特别感谢黄升民教授、舒咏平教授在百忙之中给小文所提供无私帮助和宝贵意见，让我获益匪浅。感谢冉华教授、程明教授、钟瑛教授、姚曦教授、吕尚彬教授、王瀚东教授给我提出的修改意见，让这篇小文增色不少。感谢我的朋友和同门在资料查找和数据统计方面提供的帮助，没有他们的帮助这篇小文不可能得以顺利推进。令我永远感谢的还有我的硕士研究生导师李卓钧教授，先生是至情至性至真之人，硕士求学期间受教于先生之处甚多，先生的学养和人品一直是我人生旅途中催我向上的力量。还要感谢我的父母和爱人，你们对我的殷殷期盼是我奋发向上的动力，你们在我痛苦迷惘时刻的陪伴和安慰给我战胜困难的力量，是你们无私的奉献、默默的付出成就了今天的我。

由于笔者水平所限，书中若有不妥之处，敬请各位专家同人和广大读者批评指正。我的邮箱是 daitt2015@163.com。

代婷婷

2015 年 8 月